탄생 100주년 기념

박수근 기전집

목언예원

이 도서의 국립중앙도서관 출판예정도서목록(CIP)은 서지정보유통지원시스템 홈페이지(http://seoji.nl.go.kr)와 국가자료공동목록시스템(http://www.nl.go.kr/kolisnet)에서 이용하실 수 있습니다.(CIP제어번호: CIP2019031666)

탄생 100주년 기념
박훈산 시전집

지은이 · 박훈산
발행처 · 박훈산 탄생 100주년 기념문학제 준비위원회
펴낸곳 · 목언예원

초판 인쇄 : 2019년 9월 20일
초판 발행 : 2019년 9월 25일

목언예원
출판등록 : 2003년 2월 28일 제8호
경북 청도군 금천면 선바위길 53 (신지2리 390-2)
전화 : 054-371-3544 (팩스겸용)
E-mail : mbdo@daum.net

ISBN 978-89-94733-79-1 03810

가격 : 12,000원

탄생 100주년 기념

박훈산 시전집

목언예원

①

❶ 훈산 박유상 시인
❷ 박훈산 시비 (고향의 〈선암공원〉)

❶ 〈중앙공원〉에서(1974. 9)
❷ 젊은 시절의 모습 (1952. 12)
❸ 젊은 시절 한 때
❹ 1974년

박훈산 선생의 다양한 면모들

❶ 1973. 8. 26

박훈산 선생의 다양한 면모들

박훈산 선생의 다양한 면모들

❶ 이화여대 동관 앞에서 (1963. 9)
❷ 양산 통도사에서 (1975. 6)

❶ 〈중앙공원〉에서의 한 때 (1974. 9)
❷ 종로를 지나면서 (이동주 형과, 1954. 7)

❶ 경주 불국사에서 (1971. 10)
❷ 약목에서 (1972. 10. 20)

❶ 박훈산 시화전에서
(대구백화점 A화랑, 1973. 1)

❶ 시화전에서(서정주, 신동집, 김춘수 시인도 보인다)
❷ 달성공원에서 (1973. 4. 7)

❶ 키가 훤칠한 박훈산 선생
좌우로 김춘수 시인과 서정주 시인의 모습도 보인다
(66년, 달성공원 상화시비 앞에서)
❷ 경주 토함산 〈청마시비〉 앞에서 문우들과

박훈산 선생의 시집

❶ 박훈산 시인의 첫 시집 『날이 갈수록』
–1958년 12월 15일, 哲也堂 刊

❷ 박훈산 시인의 시선집 『朴薰山詩選集』
–1958년 12월 15일, 哲也堂 刊

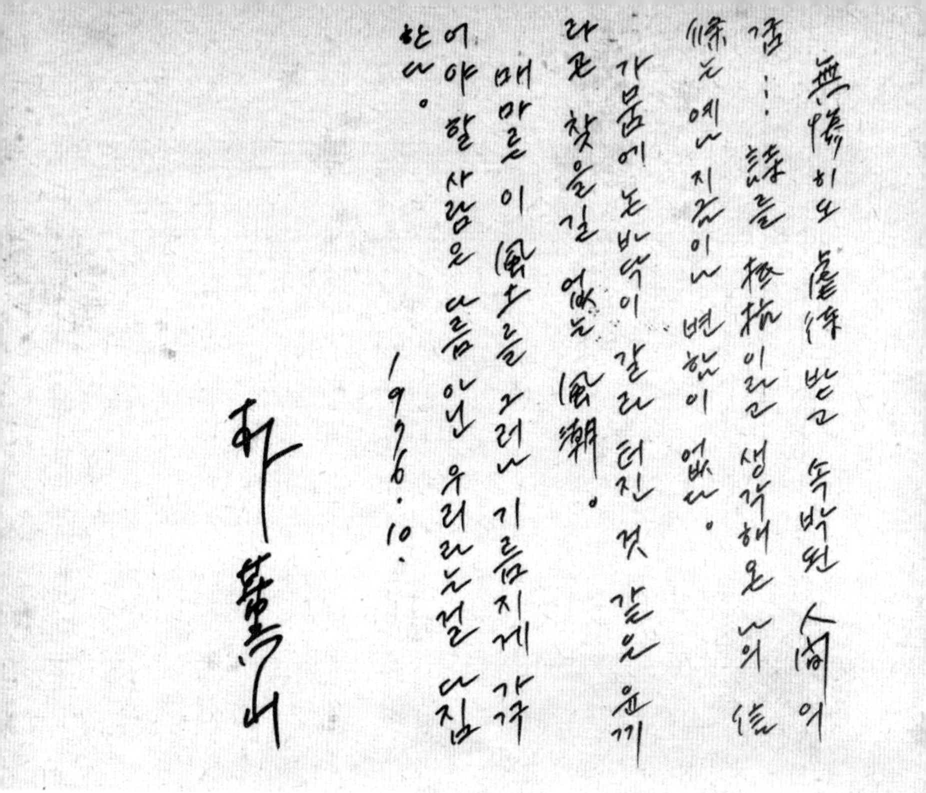
無慘히도 虐待 받고 속박된 人間의
구원… 詩를 抵抗이란 생각해온 나의 信
條는 예나 지금이나 변함이 없다.
가뭄에 논바닥이 갈라 터진 것 같은 윤기
라곤 찾을길 없는 風潮.
메마른 이 風土를 그러나 기름지게 가꾸
어야 할 사람은 다름 아닌 우리라는 걸 다짐
한다.
1976.10.
朴薰山

❶ 『박훈산시선집』에 남긴 육필
❷ 시화전에 출품한 작품
(그림은 전상렬 선생이 그렸다)

■ 책을 펴내면서

훈산 박유상 시인은 좌절과 저항으로 점철된 우리 근대사의 이면에서 실의와 방황으로 일관하면서도 붓을 놓지 않았던 시인 가운데 한 사람입니다. 선생은 일본의 강제침탈이 본격화되던 1919년 청도에서 태어나 일본대학 법과를 졸업한 엘리트였음에도 곧 이은 해방과 급변하는 체제에 적응하지 못하고 오로지 문학으로만 자아실현을 추구하였습니다. 6 · 25 동란시기에는 우리나라를 대표하는 문인들, 즉 마해송, 황순원, 박두진, 박목월, 김동리 등과 함께 전쟁참여문인단인 〈공군창공구락부〉 단원으로 활동하기도 하였습니다.

생전에 2권의 시집을 발간하고 여러 권의 번역서를 간행하였습니다만 그의 문학적 이상에 비추어 대중들의 기억에서 잊혀 갔습니다. 이를 안타깝게 여겨 2015년 향리의 문인들과 청도군에서는 고향마을에 〈박훈산시비〉를 세운 바 있습니다. 올해로 선생의 탄생 100주년을 맞으면서 〈박훈산기념문학제〉를 열고 그 기념사업의 하나로 『박훈산시전집』을 발간하여 그의 시세계를 재조명하고 시정신을 계승하고자 합니다.

탄생 100주년을 맞아 행사지원을 해주신 청도군과 경상북도에 감사드리고 필진으로 참여해주신 이태수 시인과 이수남 소설가, 선생의 유족과 문중 및 청도문인협회의 협조에도 감사의 말씀을 전합니다.

〈박훈산기념문학제〉 준비위원장

민병도

CONTENTS
박훈산 시전집

— 탄생 100주년 기념

박훈산 시집『날이 갈수록』

哲也堂 刊

"어린 뜻을 그대로 받아주셨건만 이제는 계시잖는 나의 어머니 앞에 이 시집을 바치나이다."

CONTENTS

날이 갈수록

— 박훈산 시집, 철야당 간

01

위치位置

눈(眼)만이 호흡할 수 있는 이 세계는
나 혼자 살 수 있는 기막힌 영토領土이기도 했습니다.

내 두 눈이 바로 박혀진 그날부터
몸부림치는 괴로움은 짙어
헤쳐도 헤쳐도 가시밭길이었습니다.

무시로 외로웠던 내 마음 가운데
말할 수 있는
새로운 가슴 하나 더 있었으면.

피어난 꽃 한 포기
너무나 아름다웠다 말하리라만.

이제 설레어올 그 무엇을 물어뜯어
아픔이 다시 그대에게 풍기지 않기를 원한다는 건
얼마나 뼈아픈 나의 사랑의 위치이겠습니까.

바라보는 얼굴

눈을 떠도
눈을 감아도
파란
파란
그리움이 서 있구나.

얼굴에서
얼굴 위로
지나가며 마련된
눈물의 촛불을 들어.

산산이
구겨 넘어진
세월 안에
줄을 탄 눈짓이 말없이 흐르고.

진실은
남은 주름살과
흘러버린
핏방울이었고.

다시
청춘의 거울 속을 더듬거려
서릿발 칼날이 떨어.

눈앞에 그냥
파란
파란
그리움이 서 있구나.

흐르는 별 하나

뚝 뚝 떨어져
순시瞬時에 우주를 흐르는
어두운 밤일수록
흘러가는 별 또 하나.

아픈 생채기
어디다 지녔길래
저토록 먼 나라로
푸른 불을 지고 가는
너 슬픔이.

캄캄할 리 이제사 없겠지
다시는 애태움이 없을 테지.

뚝 뚝 떨어져 가며
있을 리 만무할
약속.

그리고 또
떠나가는 것에게
나는
손짓해야지….

나의 별이 있다면

내 너의 푸른 호흡을 빼앗음은 아무리 생각해 보아도
눈 감고 다시 생각하여도
긴 너의 행복을 미리 앗아가는 것만 같아서
이제 마음마저 가난해진 나는
물러서야지
나의 목숨보다 더 앞선 너였기 때문에
그 다음 너는 복된 날을
다시 복된 날을 이어가야지.

너를 위하여 결코 서러울 리 없는
마지막 노래를 어디 멀리 보내면
불러 보아도 다시는 시원치 않을 노래
또 하나 나를 여기 불살라 버리고
깊이깊이 마음을 묻어 버리면
저기 하늘 위에서 별, 나의 별 같은 게 흘러내리고

때로 눈물 지우던 날
너와 나를 위하여 내가 몹시도 울어본 날
몸부림 친 나는 정녕 한 오리 거짓도 없었건만
아니 나보다 너는 티끌만한 거짓도 정말 지니지 않았
는데
그 하루하루를
티 없는 네 마음 나는 되뇌어 보면서
어지럽게 이래 떠나야 하는 것은

내가 못난 것일까 아니면 무엇이 악해서 그러할까
잘못은 모두 내가 지고 가야지.

오늘 아아
나는 거짓 살아온 것만 같구나
구김살 없이 왔노라 스스로 일러왔거늘
거짓말이다
그것은 거짓말이다
잘못 나는 나를 속여 왔노라.

내 가슴 속속들이 도랑이 지고
잔금이 늘어가도
오히려 빨간 피를 나는 피우리니
나의 별이 있다면
검은 밤을 함께 흘러서
독이 되어 떠날 수 있다고 하자, 너를 위하여.

홀로 거리를 지나치며

얼굴에 홈을 판
늙은네와
지나칠 때마다
어디서 유언遺言했나
나의 홀어머니.

뼈저린 회상 속에
그렇듯 휘청휘청
내가 또 걷노라면
앞뒤에
탄력진 젊은 여인.

나 하나만을
믿노라더니
아니나 떠나 버린
그를
못내 그려보기도 하고

또 오다가다
그도 저도 아니건만
문득 찌릿해질 얼굴
이제는 없건만
비슷비슷한 얼굴
잊지 못할

나의 벗들아.

하나하나 또 하나의
이름을
불러가면서
슬픔을 넘지 못한
욕된 삶을
홀로 중얼거리고….

모두 떠나 버렸는데도
오늘
이렇게 나는
여기 섰노라.

날이 갈수록

사람이 그리워서
차라리 사람을
나는 피해간다.

잘못 그 자리에
앉았나 보아 나는
또 일어나본다.

날이 갈수록
겹겹으로 포개어가기만 하는
무거운 마음.

잊어진 줄로
알았던 것만이 아물아물
되살아오는 밤.

어느 하늘이 있기에
나는 날아볼까
서러운 사람.

보릿고개
–이 봄은 슬픈 계절

아지랑이는 손에 감돌듯
저 언덕을 타넘어 왔는데
볼수록
나의 얼굴은 추醜하여라.

버들피리 불면서
새싹을 주워 보려던
푸른 나의 희망은
이미 멀어진 어린 날.

봄은
보릿고개
숨 가쁜 계절
꽃은 제멋대로 피어라.

가난한 마음 골짝에
스며든 앓는 가슴아.
나는 지금
어머니를 기다린다.

억새

살결에 배여
젖어드는
싸늘한 느낌이다.

산등성이에 나부끼는
가냘픈
억새야–.

애처로운 여자의 모습인가
어찌 보면
생각하는 어린이처럼

쌀랑 가을바람에도
마구 흔들리는 억새야.

눈보라치기 전에
가을을 타고 억새야
어서어서 크거라.

결별訣別

구석진 외로움을 한번은 벗어나, 누구하고 나란히 서 갔었다고 마음한 것은 필시 나의 꿈이었겠다.

여직 술수術數를 감추어 온 너와, 독약을 지니고 있은 나하고는 떨어진 생각이 멀리 놓여졌음을 미리 알지 못했다.

에뜨랑제 같은 것이 얼만가 구비치고 어긋난 서로의 체온은 다시금 잊지 못할 지역에서 만나진 애태움이 우연하지 않았기에.

"네가 원하는 죽음을 이제는 같이…"

불쑥 재껴 놓은 빨간 가슴팍.

창창한 흐름에서, 퉁겨온 말마디, "너는 이제 진정 바라온 것이 아니라, 먼저 너는 너를 속였고 그 다음 남을 속이고, —그럼, 오늘…"

이쯤 거짓도 참 단순하여라.

보오! 내, 손아귀에 쥐어진 독을. 갈갈이 찢어진 금 안에 가루되어 번지는데 너는 범범凡凡한 숨결을 숫제 푸른 척만 하였더니라.

내, 오늘 구태여 알지 않아도 좋았을 것을-.

불을 꺼라. 거울 속에 서러움이 비치지 않아야만 나는 얼마든지 웃어볼 게 아니냐.

절벽 위에서

가시 돋친 장미를
호호 불면서

내 인생의 여백을
하나씩 하나씩
지워가던 날

울지도 웃지도
아—나는
못하는데
소용돌이친 자국만 있어

어쩌면
새파란 숨결은
자꾸 금이 나는 날
향기 그윽한 이파리
그늘진 나를 담아
생명 같은 것
메꾸어가면

칼날 선
벼랑 한 끝에
아스라이 서 있는
나의 모양

한밤 내어 디딜
위태로운
나의 모양.

02

탁류濁流

밤처럼 탁류濁流가 꿈틀거린다.

누렇게 익은 저 이삭이랑
숫한 사람 사람의 절망을
함께 싣고서 물굽이 황토빛깔은
그냥 흐른다.

시냇가 바위 위에
내가 홀로 섰을라면
모든 것이 눈물처럼 흐르는 속에
피도 땀도 뭉치어 구비치고
끝없이 날랜 물결은
자꾸 흐르는데.

헐벗긴 이 날의 슬픔이
하염없이
흐르는데…
너는
여울아 좁은 가슴이라서 넘치는 곳곳
휩쓸리기만 일쑤인
너, 험한 입술과
화살처럼 쏴아 달리는 너의 얼굴은
슬픈 소식을 가득히 담아

그래서
나를 멀리
또 멀리 실어간다.

전사戰死의 뒤를 쫓아

먼저 쓰러진
조국을 안은
너의 자랑.

앞서 간 너를
여기서
보노라면.
바로
내 얼굴
다음의 내 얼굴아!

이빨을 악물은
주검 위에서
영원처럼

먼 곳에서
가까운 곳에서
나를 부르는 소리.

자꾸 나를
오라고
부르는 소리.

*이 「전사戰死의 뒤를 쫓아」는 1960년 〈4월 혁명가요집〉에서는 「민주전사」였다가 『박훈산시선집』에서 다시 「조국」으로 제목이 바뀜.

다시 부산에서

푸른 불빛이 가슴을 바로 쏜다
가슴에 맺혀진 피의 무늬
가로 직선을 그어 가는데
질탕한 홍소哄笑가 여기 꼬불아돌아
찢어진 날갯죽지를 퍼덕이며
어느 하늘을 날아가는 길인가.

겨울날 차가운 바람
바람이 비수처럼 생겨서
밤마다 가난한 살결을
밤마다 땅김이 저며 가는 단칸 하꼬방에 누워서
얼음장 같은 주검을 생각하는
피난민이요. 전재민戰災民이요.

이 거리에
무수한 불빛이 별처럼
더욱 찬란함은
아
무서운 일이요
산다는 것.

정조도
순결도
보다 더한 인간의 마음마저

한 줌의 밥과 바꾸나니

밟히어도 밟히어도
끊어버리지 못하는 목숨이라서
보내는 세월에
삭막한 안개가 낀다.

나는 슬퍼야만 할 텐데
—숙모의 부음訃音을 전해 듣고

나는 슬퍼야만 할 텐데 그저 멍하구나. 사람은 나면 죽고 그러하긴 하지만, 나의 육친 모두 나 보담 먼저 아무렇게나 떠나 버리고, 또 하나 이제 죽어간들 슬픔을 잃은 나는 아아 진정 정신을 갖지 못한 인간만 같아라.

내 가슴팍에 야윈 내 가슴팍에 도랑진건 허허한 것 뿐, 한 방울 눈물마저 말라버린 나한테 또 하나 더 온 것이 있구나. 자꾸 찾아오는 것이 있구나.

거리를 서성대면 생각마저 흐리고—나는 슬퍼야만 할 텐데, 오늘 지독히 독한 술을 생각하나니 취하지 않는 독이 될지라. 차라리 독이 될지라.

한 아름 안은 날은

내 아닌
다른 나를
볼 때처럼 나는
몸을 떤다.

가슴에 화살을 받는 나와
빛나는 눈망울이
지켜주는 어떤 나와
두 낱의 내가 간다.

이렇게 내가 가면
나의
그리움과
몸뚱어리.

수없는 그와 같은
얼굴 위로
마음을 밟아 가면.

가쁜 나의
맥脈을 따라
어디서
뚝, 끊어진 길.

어느 날을
한 아름 안고
나는 또
몸을 떤다.

플랫폼에서

이제 바퀴가 꿈틀거리면
레일을 물고 있던 중량은
한결 성로를 따라 돌 텐데.

이른 새벽 검은 그림자
플랫폼을 디디고
삼등고간에 서 있는 너를 보내려
차라리 마음을 가벼이 날리는구나 싶은데.

아무리 허술해도
인생이 이래, 레일 위를 그냥 굴러야만 한다니
불만 뿜는 숨소리
커브를 꺾는 기적汽笛보다 안타까워.

바른 듯 구부러진 궤도를 보면서도
길 잃고 나는 우두커니
영원이란 잊어먹은 한 순간
되돌아보는 또한 나의 꼴이 남았다.

영어囹圄

구형矩形진 방안에서
나는 어떤 기체로 변하여
살창구멍을 날아갈 것 같은
묻지 못할
정신의 착란錯亂을
참된 것처럼 바랜
그러한 날이 있었다.

아무렇게나 체념 속에서만 살아간
구형矩形진 널판장에서
때로 바깥을 내다보면
담박 미쳐버리지 못하는 걸
원망한 날을 참아 잊지 않는다.

내 몸을 스스로 꼬집어보며
꿈이기를 바라면서
어찌 하지 못한 현실에
몸을 솟구쳐 놀란 나는
울안에서 숨을 죽이고 말(馬)처럼
가만히 앉아 있기만 했다.

무서워 한 것보다는 차라리
인간이 인간을 할퀴고
얽어놓게 만든 서리 찬 버릇을

슬퍼하면서
목이 타는 여름

등골을 한 번도 펴지 못한
따가운 겨울날 바람과
아! 봄 가을
설레는 마음을 나는
무척 미워하였다.

살아있는 사람이
부시지 못하는 창살문
저 바깥 벌에는
태양이 붉게 타고
저렇게 펴졌는데
파리한 얼굴을 쬐여보지 못하고
무엇을 기다려 살아가고 있는지
참으로 주검만을 믿고
내가 죽을 것을 기다리며
살아간 날이다.

실향기失鄕記

눈을 뜨면
또 내일이란 것이란다.

잊어버리기엔 너무나 새겨진
징그러운 오늘이
내일로 이어간다.

앞으로 나아가는 바른 자세는
비틀거리는 걸음 틈에
가로막혀

연륜과 더불어
빨갛게 쏟아온 피
인생은 병들었다.

찢어진 가슴 한 귀퉁이에
따뜻한 정을 얹은
보드라운 손길아!

싱싱한 바람을 따라
훌훌 떠나고 싶구나
어디든 그만 가고 싶다.

내일이란

오늘로 되도는
어긋난 바퀴에서
정말
눈을 가리고 싶네.

난맥亂脈

덕수를 두세 번 넘는 것쯤
예사인 어느 여인의
간지러운 입가심을 앗으려다
쫓겨난 나는
나무 그늘 아래 주저앉아
할 일 모른
밤.

여름도 다 갔나 팔월 그믐
새까만 구름이 흐르면
별이 가는 듯
곡면을 뚫고
파산波狀을 그은 공간 너머서
기지개를 킨 나는 나대로.

금시 비가 오려나
저리 휘황한
전등電燈을 흘겨보면
무엇이
정말
달빛을 가리었네.

어느 골목길에선
인간은 비굴할 수 있더라

가시지오!
받아들일 수 없는 정성
말하기 전 실오리 한 오리씩 퍼지는데.

숨 막힐 체취는 어디에
맴돌 하늘이 있나
뇌腦의 난맥亂脈
너와 또
나의 분해 작용.

가을에 부치는 노래

산들바람 먼
하늘가에서 이는가.

마음으로 더 높이
코발트 하늘빛은
베여 젖는데

웬 일인가
가버린 사람이
생각나는 건….

아 Baude aire
주렁주렁 마음에
열매를 달고
사상이 익기를 바란
풍요한 토양

바람아
조락凋落을 오지 말게 하라
가랑잎 소리 밟히면
설레어질 가슴뿐이니-.

거두어 드릴 것이 있는 사람껜
가을아

살결만을 스쳐 지나가지 말라
뿌리를 지심地心 깊이
꽂아 두어야겠다.

그러면 지심에선
바람이 이글이글 끓어오를 테지.

어린 날

꼬부랑길을 따라
언덕을 타고 가면
천년 우거진 소나무가
아름드리 뻗어 있고.

사철 푸른 솔잎이
시냇물에 그늘을 띄우고서
푸른 구비
졸졸 흐르는데

어린 혼은 강심江心에 잠긴 채로
고이 씻기어가던 마음
거기
내 어린 고향이 있어

나의 아버지, 할아버지, 증조부,
또 몇 대조 조상, 그렇게
같이 있어왔다는

천년 우거진 소나무와
꼬부랑꼬부랑 길이 트여
내 마음 어린대로
그지없이 달려만 갔네.

03

밤에 서서
바다는 흐르는 게 아니여
5월의 바다에 섰을라면
실상實像
실제失題
노래 다시 부르리
하늘 바람 그 바람 속에
노정路程
낙엽처럼 밟히면서
가는 길은 하난데
무더운 날에 있은 이야기
건너리라 푸른 바다
억압抑壓된 상황
돌팔매나 치던 날
하나를 위한 서언序言

밤에 서서

사무침이 너무나 오래인 사무침이
어리어진 것이라서
불칼에 노래를 실어
뇌성雷聲아
한 번 더 하늘을 찢어라.

어둠을 타
이 밤의 깊이를
뚫고 오는 불덩어리
너 힘이여
너의 분노憤怒여!
시퍼렇게 흘러내리는
앞길.

앙가슴을 벌리면
한 발 가까이
다가선 길 트이는 밤에.

컴프레서에 압착壓搾된 공기처럼
지하갱도 속 깊이
철관을 타고 가는
성난 공기처럼
무거운 칭칭대 하나하나
숨 가쁘게 넘어서자.

이 밤을 호통 치며
어서
우리
이 밤을 앗아가자.

바다는 흐르는 게 아니여

멀리 하늘과 맞선 정열情熱
너 흐르는 게 아니라
노-출렁이길래
출렁이기만 하는 너의 가슴팍은
공간을 주름잡아
여기 미래를 가까이 지향했구나.
푸르른 물굽이
물굽이 넘실거리기만 하였길래
검푸른 너의 빛깔은
넘칠 듯한 희망
넘실거리는 젊음이 프르르더구나 .

물결 밀려오고 가다가
부서진 유리알처럼 흰 살 찢기어 갈라져도
생채기 이내 아무렇지도 않아
너의 깊이를 재이지 못함은
너를 몰라서가 아니다.

푸르거나 검거나
너 언제나 변할 줄 몰라
가슴에서 굽이치는 너의 숨결 싱싱함이 이제도
새로워 너의 마음을 부러워 보는 게다.

흐르는 게 아니라

머물러 꾸김없는 너의 생명
머무른 곳에 너 정열 영원한 것아
땅 위로 몸부림치는 노래
저 저기 굴러가는구나.

5월의 바다에 섰을라면

저편 아득한 기슭에 바다와 하늘이 푸르르이 맞대었다. 바닷가에 질펀한 사람의 무리가 조약돌에 섞여 머얼리서 보면 뭉치어 있다.

바다는 하늘과 맞선 것을 모른다.

사람이 허즌거리는 것을 모른다. 산이 진한 빛깔을 하고 굽이보는 것을 알려하지 않는다.

너들아!

얼마만한 힘이 있느냐. 나는 나대로 열정을 담아 영원히 넘실거릴래, 출렁이며 그냥 흐를래.

나와 견주어 볼 힘이 있거들랑 산아! 너는 못난 바위랑 같이 한꺼번에 무너져 덤벼보라.

하늘아!

너는 그냥 내려앉아 나의 가슴팍에다 별을 송두리째 박아보라.

사람이여!

참으로 조약돌처럼 궁구는 가없는 생명이여!

너의 마음을 그대로 흩트리지 말고 나에게 던져라.

그러한 뒤

다시 나는 일러 듣길 것이 있으리니 그때까지 영원처럼 나는 멋대로 출렁인다.

바다
바다.

실상實像

투명하면서 빛내지 못했고 별빛을 내는 것은 진정 맑지 못했으니, 유리와 보석과 서로의 몸 가림이, 이렇게 다를 바에 한 줄기 눈물을 떨어뜨릴 수 없겠지요, 약한 게 죄가 되나이까.

돌각 담처럼 짜 올린 빛깔 허물어진 가설假說 위에서, 구태어 그림자를 비추어야 할 사람의 무리야 바로 서시 옷을 벗어 버리자. 태양 앞에서 허허 웃어봅시다 웃어나 봅시다요.

모르지만 머언 날에는 목 놓아 울게라, 자욱 하나하나를 재이면서 스스로를 거느리는 모양이 참으로 더러워라. 꼴은 꼭 하나이거늘 둘씩 셋씩이나 지닌 마음 참으로 불쌍한 이야기 아니겠습니까.

차라리 시궁창 좁은 밑바닥에서라도 치밀어 솟구치면, 찌를 듯 하늘 끝만치 불덩어리 되는 얼굴, 굴러 박힌 총알 같은 얼굴을 찾아 타오른 말문이 막혀버려도 좋습니다.

유리와 보석
보석과 유리
아무리 바꾸어 보아도 그냥 그대로 저는 저대로, 부서진 인간의 길머리 돌려 서서 정녕 어느 마음이 되어지리이까. 되어지리이까.

실제失題

무엇 하나 있을 수 없는 연기 자욱한 자리에 숨결만 새파랗게 떨린다. 이래도 경련하는 세포가 움직이는가. 시시로 변화하는 표정은 너의 자랑도 아니겠는데 그 어느 사이 나와 어떤 관련이 있단 말인가. 나는 나는 혼자 가련다.

백만 년 서린 인간의 멸滅한 자국을 물고 늘어진 마음을 휘휘로이 불러 본다. 미워할 수 있는 것과 나는 미워질 것뿐인데 대체 그것이 어쨌단 말인가. 한 줄 푸른 하늘을 그었을 뿐, 어제와 오늘과, 또 내일도 그냥 지구는 돌아 그러면 아무렇지도 않은 일, 그래서 어쨌단 말인가. 끝없이 뒹군 너는 허구로다. 아무 것도 없구나.

있을 수 있는 것은 오히려 없는 것만 못하여 두들겨 보라마는 아무 것도 아니지. 잘못 열리어지지 않을 문에 인생의 엄숙한 구두점句讀點을 찍는다. 일체가 무無로 더디어 환원하는데 보이느냐 바로 보이느냐! 환경에 익는 것은 얼만치 서럽길래 부지런히 떠나간 너와 나의 고장에서 바랄 것 없는 하루를 이어 나는 나는 혼자 가련다.

노래 다시 부르리

너 이름이 내 청춘이더냐
아름거리던 너 얼굴이
함부로 모진 바람 이는 것이
나직한 사립문에 감돌아
부딪침에 불러일으킨 이름아
어찌 구슬픔 안고
찾아드는 것이냐.

골고루 허기를 맞나
눈물을 꽉 씹은 이빨 아래
마구 피 풍긴 둘째 하늘이
또 있는 것이고
그래서도
곧잘 힘찬 걸음들이라
어둠을 걷어차며.

한 그루 나무 미더움이
얼마나 고이
자랑을 감춘 것이기에
훨훨 옷 벗은
가지마다 줄기마다 뻗히는 생명이
그렇게 아름다워 오는 것이냐.

내 청춘을 두고 받아온 너 이름

너무나 가득하여
잔디 싱싱히
다시야 푸르르면
발머리 조용히 성루城壘를 디디고서
노래 부르리.

우리
노래 다시
부르리.

하늘 바람 그 바람 속에

가는 길이 고되구나
한 발자국
멀지 않은데
칵 숨이 막힌다
그리다가
나는 또 미친 듯
기절氣絕한다

눈앞에는 그저
아무것도
잡혀지질 않는데
생각는 것과
말은
어긋나고,

어디선가
주고받은
그 날의 인정들이
호젓이 이제 떨면
글쎄 난
거울을 들어다본단다.

무거운 잿빛
하늘 바람

그 바람 속에
나는
날리질 않고서
짓눌린다.

밀항密航 위에
도리어
놓여진
바로 가지 못하는
이러한 길
보이는 듯
마는 듯
하늘 바람 그 바람 속에
나는
방심放心하고 싶구나.

노정路程

떨어진 태양이 있다.

허옇게 넘어지는 벽돌담을 끼고
허즌거리는 두 다리를
간신히 가누어 가며
끼를 굶고
돌아가는 큰 길에
신문지 활자 같은
우리의 시름을 뿌려보면서
검은 층계層階
하나씩 둘씩
헤어보면서
어느 세기에 모난 구멍창이랑 발길로
걷어차며 이마에 닿은
저녁노을이 단칸 하숙방으로 내 몸을 이끌면
무진無盡한 허기 때문에
몸뚱어리를 길이대로 눕히고

나는 무엇을
생각하노.

물결처럼 헤쳐 온 지난날을
되씹어 보는 거냐

무수한 별들이 지나간다
붉은 화살이 나의
가슴을 바로 쏜다.

한 줄기 푸른 빛발이 그립더라
그리던 우리가 그린
날을
깃발에 장래將來처럼
걸어두고 돛폭을 높이자.

낙엽처럼 밟히면서

시를 쓰잔다.

내 몸무게보다 더욱
무거운 펜을 들고 어처구니없이
지치고 나면, 술,
술만 연상 들이켜고
한 편의 시를
그리고는 또 멋지게
쓰잔다.

발가벗은 몸뚱어리에
예순 개쯤 총구멍이 나더라도
오늘
죽지 않고 살고야 말겠다는
젊은 시인이 있고.

타협妥協을 끝내 않으리라면서
스스로의 목숨을 제 마음대로
지난날
끊고 간 자유로운
사람도 있었는데.

아, 이방異邦의 표류漂流런가
낙엽처럼 바싹 바싹 밟히면서

어디든 굴러가보자는
나는 여기 있는데.

시를 쓰잔다.

그래서…
펜을 쥔
바른 팔은 자꾸
자꾸 늘어지기만 한다.

가는 길은 하난데

눈 둘 곳을 몰라서
두 손으로
눈을 가리어 보면
기인 손가락 사이로
모두 다 잘났구나.

발돋움할
한 치의 지역마저 없는데
신경神經은 하야니 얼어붙고.

밝은 거리에 함부로
나서는 여인
그 비뚤어진 여인의
얼굴.

얼빠진 행렬은
가까운 데로만
그저
줄지어 가고.

인생은 저마다 가는 거라
허지만…
가는 길은 하난데.
얼룩진 검은 그림자

주검같이 나를 따르면
나도
촛불을 끄고.

촛불을 끈 나는
오직 가이없이
움직이지만
어디, 내가 있는가.

머리카락 낱낱이
곤두서서
팔팔
흩날리는 바람아
언제부터
불어왔나.

무더운 날에 있은 이야기

어디로 몰려드는 구경꾼들인가, 그러나 들어라 파도 같이 밀려오는 벅찬 세대를. 오늘 이 거리는 더욱 비좁아야 하지만 종점이 나서지 않는 길을 뱅, 뱅 돌아야 했다.

익숙한 곡예만을 일삼는 간지러운 장터란데 선은 점, 점은 선으로 아롱진 재주를 넘는다.

내일로 밀린 그넷줄이 매여 있는 지나가는 하루에, 그만 안도安堵의 호흡에 지친 증인. 모조리 다 가거라. 잘나면 쫓겨난다는 이 거리엔 짐승들의 아우성으로 소란했거니.

끝내 오지 않을 것을 헛되이 기다리는지도 모른다. 젊은 날의 욕망을 비껴간 새까만 구비. 포물선을 그은 빗줄기는 풍화라던가. 총알처럼 굴러 때려라.

오늘도 네거리를 가로막고 곡예단이 논다.

건너리라 푸른 바다

봄이 오면 건너리라
푸른 바다.

가지 끝에 쨍쨍
얼어붙은 마음으로
나는 거리를 지나는데
정녕 잃은 것이 있어서

귀여운 아씨 가슴에 닿은 듯
뭉클한 본능에
회오리바람 매섭도록
맞고 싶다
무거운 공기.

얼른 어둠이 깔리면
나는 밤새껏
누구나 걷지 않는
길바닥을 걷고

새하얀 새벽녘에
건너리라
푸른 바다.

억압抑壓된 상황

두 눈을
뻘겋게 켜고
내게로 달려오는
육중한 기계를 피하면서
이마 위를 차갑게
다가서는 북두칠성
가까운 거리를 나는
졸면서 걸었다.

빼개어지는 충경에
끌려온 길은
두덕두덕 깁기만 한
누더기 마음이었다.

죽는 것보다
미치는 것보다
더 무서운 굴욕屈辱을
그 굴욕을
삼킬 수 없어서

하나의 생명은
프리즘을 통하여
확대擴大되어 갔는데
어디서

야무지게 나를 겨눈
돌멩이나, 철鐵부치가
날아올지 모른다.

돌팔매나 치던 날

어제와 꼭 같이만
되풀이되는 오늘

헛헛한 공기
어느 한 점에
돌팔매나 치자면
휭, 휘잉, 저 무게대로만
지나가는 것.

얕은 냇물과 같은
그만큼만한 색깔을 지닌
어느 거리
여니 땐 너도 정다이
문을 두들기던 곳.

한 걸음만
한 길 을 접어들면
너의 숨결
배여 젖던 곳인데—

그런 날 언제나 있었느냐는 듯
숨 막히게 답답한
오늘.

휭, 휘잉,
돌팔매나 치자면
그대로의 무게가
한 순간은 공간을
거침없이 그어간다.

하나를 위한 서언序言

그 하나를 위하여 인간은 마구 죽어가지 않았나
그걸 위하여 인간은 지금도 죽어가고 있잖나
하나의 가능성으로 진전進展한
역사의 증명이.

양지쪽을 바라보고 여기
소녀가 꿈을 펼쳐 넘기고 있다
아리따운 소녀가 여기
졸고 있다.

수놓아 나아갈 미래는
트일 날이 있을는지.

공간은
바람소리 비슷한 혼음混音
또는 기계소리.

이제 알맞은 돌멩이를 주워들고
아무리 내쳐본들
스쳐 그어갈 따름
그걸 위하여 죽어간 사실을
밝히고자 안 했다.

■ 시집을 엮고 나서

여기 넣은 서른여섯 편의 시는 해방 후로부터 지금에 이르도록 발표한 것 중에서 찾을 수 작품만을 모아본 것이다.

6 · 25전까지의 작품 수십 편은 전란 중 모두 실고失稿해버린 데다가 또 어인 셈인지 그 후의 작품마저 재작년 겨울 서울역에서 송두리째 도둑을 맞았기 때문에 내가 꼭히 넣고 싶은 시를 여기 수록하지 못하는 것을 나 자신 아무리 뼈아프게 생각했댔자 단념하지 않을 수 없는 일이 되어 버렸다.

무얼 내 딴은 시를 쓰겠다고 주제넘게 덤벼든 것이 그래도 십년이 훨씬 넘는 것 같으나 스스로 돌아보아 오직 부끄러움을 어찌 할 바 모르겠다.

옛날 우리 조상들은 아무리 훌륭한 글을 썼어도 그의 생전에는 문집이라는 걸 내는 법이 없었다 한다. 그 글이 뛰어났으면 사후死後에 후진들이 책으로 내었고 아니면 자손들이 자랑삼아 내었던 것이다. 오늘날에 무슨 그러한 본을 보자는 건 결코 아니로되 나는 나의 시집 한 권을 내놓아야할 마땅한 이유가 떳떳하게 서지 않는 터인데 이번 외우畏友 신삼수 형의 뜨거운 호의로 이루어지게 된 것이라 할 따름이다.

내가 걸어온 길은 참으로 험한 가시넝쿨 속이었다. 생사의 고비에선 것이 한두 번이 아니었고 또한 정신의 방황은 몇 차례였는지, 그리고 오늘날까지 방랑과 표박漂迫. 그러나 거창한 역사의 테두리 안에서 나는 살고 있는 것이며, 그러다가는 또 내가 그 테두리 안에 묻히어 갈 것을 안다. 시집 제호를 이렇게 한 것도 그저 내 걸어온 길을 스스로 밝혀보고자 한 데 지나지 않는다.

1958년 12월
저자 식識

朴薰山詩選集

『박훈산시선집』

裕林文化社 刊

*이 시집은 예술문화진흥원의 우수문학작품 조판비 지원을 받았음

■ 자서

무참無慘히도 학대虐待받고 속박된 인간의 꿈… 시를 저항抵抗이라고 생각해온 나의 신조信條에는 예나 지금이나 변함이 없다.

가뭄에 논바닥이 갈라터진 것 같은 윤기라곤 찾을 길 없는 풍조風潮.

메마른 이 풍토를 그러나 기름지게 가꾸어야 할 사람은 다름 아닌 우리라는 걸 다짐한다.

1976년 10월

박훈산

CONTENTS

박훈산 시선집

— 박훈산 시선집, 유림문화사 간

01

보릿고개

아지랑이는 손에 감돌듯
저 언덕을 타넘어 왔는데
볼수록
나의 얼굴은 추醜하여라.

버들피리 불면서
새싹을 주워 보려던
푸른 나의 희망은
이미 멀어진 어린 날.

봄은
보릿고개
숨 가쁜 계절
꽃은 제멋대로 피어라.

가난한 마음 골짝에
스며든 앓는 가슴아.
나는 지금
어머니를 기다린다.

신고辛苦의 언덕

육지와 바다는 한없이 펼쳐졌다만 대대를 이어만 갈
사람은
신고辛苦의 언덕에서
회향懷鄕.

저기 지평의 피안彼岸
타다 남은 광망光芒의 한 줄기는
방울질 문자지만
차디찬 돌과 같아
나날은 차츰 적어지고

가지를 떠난
낙엽을 보듯 접어든 연륜은
서글프다 또한
어느 흉내를 내나.

문

있을 수 있는 것은
오히려 없는 것만 못하여
두들겨 보라마는
아무 것도 아니지.

잘못 열리어 지지 않을 문에
인생의 엄숙嚴肅한
구두짐句讀点을 찍는다.

한 자씩 부각浮刻할 수 없나

이를테면 Caruso의 웅건한 성량이라든가
Kreisler의 손을 거친
바이올린의 가느다란 음색마저
넓은 공간을 메꾸는데
글자가 뚝 뚝, 뛰는
그러한 시詩
공허空虛에 한 자씩 부각浮刻될
시를 한 번은 써야겠네만.

자욱한 안개
비바람 염두에 두고
까마귀 우짖는 소리와
펼쳐질 시야視野사
무궁無窮하지만
철책鐵柵의 둘레
돌파구 두질 않고.

오고 가는 사람들
애타는 마음 구석에
단 한 마디 노래로 피어
굽이칠 시를
함성처럼 부를 수 없나.
그냥 부각浮刻할 순 없나.
그 무게가

공간空間에
못 박히도록.

가는 길은 하난데

눈 둘 곳을 몰라서
두 손으로
눈을 가리어 보면
기인 손가락 사이로
모두 다 잘났구나.

발돋움할
한 치의 지역마저 없는데
신경神經은 하야니 얼어붙고.

밝은 거리에 함부로
나서는 여인
그 비뚤어진 여인의
얼굴.

얼빠진 행렬은
가까운 데로만
그저
줄지어 가고.

인생은 저마다 가는 거라
허지만…
가는 길은 하난데.
얼룩진 검은 그림자

주검같이 나를 따르면
나도
촛불을 끄고.

촛불을 끈 나는
오직 가이없이
움직이지만
어디, 내가 있는가.

머리카락 낱낱이
곤두서서
팔팔
흩날리는 바람아
언제부터
불어왔나.

낙엽처럼 밟히면서

시를 쓰잔다.

내 몸무게보다 더욱
무거운 펜을 들고 어처구니없이
지치고 나면, 술,
술만 연상 들이켜고
한 편의 시를
그리고는 또 멋지게
쓰잔다.

발가벗은 몸뚱어리에
예순 개쯤 총구멍이 나더라도
오늘
죽지 않고 살고야 말겠다는
젊은 시인이 있고.

타협妥協을 끝내 않으리라면서
스스로의 목숨을 제 마음대로
지난날
끊고 간 자유로운
사람도 있었는데.

아, 이방異邦의 표류漂流런가
낙엽처럼 바싹 바싹 밟히면서

어디든 굴러가보자는
나는 여기 있는데.

시를 쓰잔다.

그래서····
펜을 쥔
바른 팔은 자꾸
자꾸 늘어지기만 한다.

산수석山水石 Ⅰ

태초로부터
만상萬象을 보아오면서
각고刻苦의
어질디어진 모습

생기 있는
자연의 소리를
여기서 가까이 듣는다

너를 대할 적마다
없어진 시간과
흘러간 계절과

너는 또
새로운 얼굴로
나의 사상을 향하여
웃음 짓는
유원幽遠의 침묵沈默

바람 따라 가냘픈 숨소리

가랑잎은
짙은 황혼

지난 날 새파란
생명

밟히는 소리 애처로워
등골이 오싹한데

나뭇가지 앙상한
거리距離가 놓여

바람 따라
가냘픈 숨소리에

새겨진 먼 날의 빛깔
떨어지는데

저무는 길가에서
생각는 생성과정生成過程

궁구는 가랑잎
금이 간 형상을
밟는 소리.

노정路程

떨어진 태양이 있다.

허옇게 넘어지는 벽돌담을 끼고
허즌거리는 두 다리를
간신히 가누어 가며
끼를 굶고
돌아가는 큰 길에
신문지 활자 같은
우리의 시름을 뿌려보면서
검은 층계層階
하나씩 둘씩
헤어보면서
어느 세기에 모난 구멍창이랑 발길로
걷어차며 이마에 닿은
저녁노을이 단칸 하숙방으로 내 몸을 이끌면
무진無盡한 허기 때문에
몸뚱어리를 길이대로 눕히고

나는 무엇을
생각하노.

물결처럼 헤쳐 온 지난날을
되씹어 보는 거냐

무수한 별들이 지나간다
붉은 화살이 나의
가슴을 바로 쏜다.

한 줄기 푸른 빛발이 그립더라
그리던 우리가 그린
날을
깃발에 장래將來처럼
걸어두고 돛폭을 높이자.

영어囹圄

구형矩形진 방안에서
나는 어떤 기체로 변하여
살창구멍을 날아갈 것 같은
묻지 못할
정신의 착란錯亂을
참된 것처럼 바랜
그러한 날이 있었다.

아무렇게나 체념 속에서만 살아간
구형矩形진 널판장에서
때로 바깥을 내다보면
담박 미쳐버리지 못하는 걸
원망한 날을 참아 잊지 않는다.

내 몸을 스스로 꼬집어보며
꿈이기를 바라면서
어찌 하지 못한 현실에
몸을 솟구쳐 놀란 나는
울안에서 숨을 죽이고 말(馬)처럼
가만히 앉아 있기만 했다.

무서워 한 것보다는 차라리
인간이 인간을 할퀴고
얽어놓게 만든 서리 찬 버릇을

슬퍼하면서
목이 타는 여름

등골을 한 번도 펴지 못한
따가운 겨울날 바람과
아! 봄 가을
설레는 마음을 나는
무척 미워하였다.

살아있는 사람이
부시지 못하는 창살문
저 바깥 벌에는
태양이 붉게 타고
저렇게 펴졌는데
파리한 얼굴을 쬐여보지 못하고
무엇을 기다려 살아가고 있는지
참으로 주검만을 믿고
내가 죽을 것을 기다리며
살아간 날이다.

이 시간에

이제처럼 조금도 변함없는
오늘이 되풀이되는

헛헛한 공간
어느 한 점을 겨누면
휭 휘잉 저 무게대로만
지나가버려.

얕은 냇물과 같은
담담한 색깔의
거리
정다이 지난날 그때쯤은
거닐었지만

한 걸음만 비켜서면

언제 그런 날
있었느냐는 듯
숨결이 가빠지는 이 시간에

휭 휘잉
한 순간의 공간을
거침없이 그어간다.

창경원에서

동행한 옛날 독립투사는
자꾸 동물을 보잔다.

나는 호랑이를 보니 죽었다
사자도 죽었다.
저 큰 놈들이
살 수 있게
우리를 끊고 풀어줄까.

여자 피부에 색감이 돌듯
원숭이란 놈은
반드래한 윤기가 돌아
재주를 부리면서
신나게 노는 건
역시 잔 놈이라서 그러한가.

사자와 호랑이가
풀이 죽은 건
동행한 옛날 독립투사의
모습과 같아

사람이 싫고
소리가 싫어 여기 왔는데
어디서 몰려든

사람의 물결인가

한낮에
할 일이 이렇게도 없는
서울 사람들인가
시골 사람들인가
사람도 동물도 싫어
총총히 나는 산사山寺로나 가야겠다.

자성自省

누가 껄껄 웃고 있었다.
앞을 본다, 뒤를 돌아다본다
다시 좌우를 살펴보았으나
나를 보고서 웃는 자는 없었다.

그림자가 뒤따르고 있었다.
이 캄캄한 밤에 무엇일까
두근거리는 가슴을 안고
맑디맑은 계곡을 찾아내면
숨소리를
흘러가는 물속에 깨끗이 쉬게 하자.

나를 지켜보는 무서운 눈이 있다.
그저 놀라움뿐이다.
그건 나다
나는,
나를 응시凝視하면서
무거운 걸음을,
이제 내어디딘다.

산수석山水石 Ⅱ

흙과 더불어
영원을 살면서
물과 더불어
영원을 노래하면서

안으로 안으로만 들여다보는
눈은
풍화風化에 시달리고
깎이어
비록 둥치는 작아졌다만

당당히 하늘을
우러를 수 있는
자리를 차지하여
불멸의 염원을
정情으로 보여준다.

홀로 거리를 지나치며

얼굴에 홈을 판
늙은네와
지나칠 때마다
어디서 유언遺言했나
나의 홀어머니.

뼈저린 회상 속에
그렇듯 휘청휘청
내가 또 걷노라면
앞뒤에
탄력진 젊은 여인.

나 하나만을
믿노라더니
아니나 떠나 버린
그를
못내 그려보기도 하고

또 오다가다
그도 저도 아니건만
문득 찌릿해질 얼굴
이제는 없건만
비슷비슷한 얼굴
잊지 못할

나의 벗들아.

하나하나 또 하나의
이름을
불러가면서
슬픔을 넘지 못한
욕된 삶을
홀로 중얼거리고….

모두 떠나 버렸는데도
오늘
이렇게 나는
여기 섰노라.

종묘에서

이 나뭇가지들은
앙상할 게 아닌데
울창하지 못한 것은
의식이 흐려서 망가뜨린 것

쓸쓸한 마음
뒷문으로
창경원으로 빠져보면
무럭 코를 찌르는 냄새

알 수 없는
인간의 지친 냄새
동물을 볼 바에야
되레 한적한 곳이 좋다.

02

영원
푸른 잎과 잎 사이
날이 갈수록
억압抑壓된 상황
춘의春意
위치
바라보는 얼굴
흐르는 별 하나
실향기失鄕記
한 아름 안은 날을
포물선抛物線
절벽 위에서
유리는 유리
이 공간
결별訣別

영원

큰 줄기 흐르는 소리는
들리지 않아
흘러가고 흘러오는 걸
시간이라면 흐르긴 하지만
들리지 않는 게
영원인가.

영원은
바로 저 허허로운 것
별도 아닌 지구도 아닌
하물며 모래알만도 못한
인간은 또한 아니니

허공은
텅 빈 채로
부셔질 리 없겠고
저 허허로운 가운데
서로 부딪친들
끝내
허허로움은 남아 있을 것.

영원은
허공이다.

푸른 잎과 잎 사이

잔가지에 무성한
푸른 잎들
그 푸른 잎과 푸른 잎 사이에
조금 벌어진
거리, 그 틈 사이에
수직으로 하늘을
우러르면
낭떠러지를 보는 것 같고.

구멍 뚫린 공간엔
그저 충만한 공기만이
푸른 잎과
푸른 잎을
한들거리게 하는가.

밑뿌리는 땅 속 깊이
둥치는 우뚝 공간에 섰다만

푸른 잎과 푸른 잎 사이의
작은 공간이 어찌
심한 격차隔差를 이루어 가는가
여기 수직으로 뚫린
거리에서
도도히 흐르는

격류激流를 본다.

구멍 뚫린 수직의 공간에서
맺지 못한
열매를 생각한다.

날이 갈수록

사람이 그리워서
차라리 사람을
나는 피해간다.

잘못 그 자리에
앉았나 보아 나는
또 일어나본다.

날이 갈수록
겹겹으로 포개어가기만 하는
무거운 마음.

잊어진 줄로
알았던 것만이 아물아물
되살아오는 밤.

어느 하늘이 있기에
나는 날아볼까
서러운 사람.

억압抑壓된 상황

두 눈을
뻘겋게 켜고
내게로 달려오는
육중한 기계를 피하면서
이마 위를 차갑게
다가서는 북두칠성
가까운 거리를 나는
졸면서 걸었다.

빼개어지는 충경에
끌려온 길은
두덕두덕 깁기만 한
누더기 마음이었다.

죽는 것보다
미치는 것보다
더 무서운 굴욕屈辱을
그 굴욕을
삼킬 수 없어서

하나의 생명은
프리즘을 통하여
확대擴大되어 갔는데
어디서

야무지게 나를 겨눈
돌멩이나, 철鐵부치가
날아올지 모른다.

춘의春意

돌아앉은 청상과부
매서운 눈매도 사르르
풀리어지는데

씨 뿌려 이랑이랑 김매는
손톱이 다 닳도록
찢어진 고무신 뒤축이 벗겨져도
꽃그늘 지는 향기

작은 가지에도
동풍이 걸려
한 계절 얼다 만
얼음이 녹는 것쯤
미소 짓는 햇살이
몸을 덜어내어
춘의春意는
구석마다 퍼지네.

위치位置

눈(眼)만이 호흡할 수 있는 이 세계는
나 혼자 살 수 있는 기막힌 영토領土이기도 했습니다.

내 두 눈이 바로 박혀진 그날부터
몸부림치는 괴로움은 짙어
헤쳐도 헤쳐도 가시밭길이었습니다.

무시로 외로웠던 내 마음 가운데
말할 수 있는
새로운 가슴 하나 더 있었으면.

피어난 꽃 한 포기
너무나 아름다웠다 말하리라만.

이제 설레어올 그 무엇을 물어뜯어
아픔이 다시 그대에게 풍기지 않기를 원한다는 건
얼마나 뼈아픈 나의 사랑의 위치이겠습니까.

바라보는 얼굴

눈을 떠도
눈을 감아도
파란
파란
그리움이 서 있구나.

얼굴에서
얼굴 위로
지나가며 마련된
눈물의 촛불을 들어.

산산이
구겨 넘어진
세월 안에
줄을 탄 눈짓이 말없이 흐르고.

진실은
남은 주름살과
흘러버린
핏방울이었고.

다시
청춘의 거울 속을 더듬거려
서릿발 칼날이 떨어.

눈앞에 그냥
파란
파란
그리움이 서 있구나.

흐르는 별 하나

뚝 뚝 떨어져
순시瞬時에 우주를 흐르는
어두운 밤일수록
흘러가는 별 또 하나.

아픈 생채기
어디다 지녔길래
저토록 먼 나라로
푸른 불을 지고 가는
너 슬픔이.

캄캄할 리 이제사 없겠지
다시는 애태움이 없을 테지.

뚝 뚝 떨어져 가며
있을 리 만무할
약속.

그리고 또
떠나가는 것에게
나는
손짓해야지….

실향기 失鄕記

눈을 뜨면
또 내일이란 것이란다.

잊어버리기엔 너무나 새겨진
징그러운 오늘이
내일로 이어간다.

앞으로 나아가는 바른 자세는
비틀거리는 걸음 틈에
가로막혀

연륜과 더불어
빨갛게 쏟아온 피
인생은 병들었다.

찢어진 가슴 한 귀퉁이에
따뜻한 정을 얹은
보드라운 손길아!

싱싱한 바람을 따라
훌훌 떠나고 싶구나
어디든 그만 가고 싶다.

내일이란

오늘로 되도는
어긋난 바퀴에서
정말
눈을 가리고 싶네.

한 아름 안은 날은

내 아닌
다른 나를
볼 때처럼 나는
몸을 떤다.

가슴에 화살을 받는 나와
빛나는 눈망울이
지켜주는 어떤 나와
두 낱의 내가 간다.

이렇게 내가 가면
나의
그리움과
몸뚱어리.

수없는 그와 같은
얼굴 위로
마음을 밟아 가면.

가쁜 나의
맥脈을 따라
어디서
뚝, 끊어진 길.

어느 날을
한 아름 안고
나는 또
몸을 떤다.

포물선抛物線

오늘 이 거리는 더욱 비좁아야 하지만 종점이 나서지 않는 길을 뱅, 뱅 돌아야 했다.

익숙한 곡예만을 일삼는 선은 점, 점은 선으로 아롱진 재주를 넘는다.

내일로 밀린 그넷줄이 매여 있는 지나가는 하루에, 그만 안도安堵의 호흡에 지친 증인.

모조리 다 가거라. 잘나면 쫓겨난다는 이 거리엔 짐승들의 아우성으로 소란騷亂 했거니

끝내 오지 않을 것을 헛되이 기다리는지도 모른다. 젊은 날의 욕망을 비껴간 새까만 구비. 포물선을 그은 빗줄기는 풍화風化라던가.
총알처럼 굴러 때려라.

오늘도 네거리를 가로막고 곡예단이 논다.

절벽 위에서

가시 돋친 장미를
호호 불면서

내 인생의 여백을
하나씩 하나씩
지워가던 날

울지도 웃지도
아—나는
못하는데
소용돌이친 자국만 있어

어쩌면
새파란 숨결은
자꾸 금이 나는 날
향기 그윽한 이파리
그늘진 나를 담아
생명 같은 것
메꾸어가면

칼날 선
벼랑 한 끝에
아스라이 서 있는
나의 모양

한밤 내어 디딜
위태로운
나의 모양.

유리는 유리

자욱 하나하나를 쟁이면서
스스로를 거느리는
모양이 더럽구나.

몸은 하나이거늘
둘씩 셋씩이나 지닌 마음
참으로 불쌍하구나.

어느 날 먼 날에
걸친 옷이 벗기어지면
빛깔 잃은
가설假說은 가설假說
보석과 유리를 바꿔본들
유리는 유리
보석은 보석

어둠에 녹아 흐른
약한 게
죄는 되지 않는다면
그저 밝은 태양을 우러러
허허 웃어보자오.

이 공간

오늘의 공간은
운우雲雨의
또 바람소리와 혼음混音
기계소리.

그 하나를 위하여
가능하게 진전進展한
역사의 증명은
양지쪽을 바라보고
수놓아가고

이제 돌멩이를
주어 들어
아무리 내쳐본들
그걸 따라 그어갈 따름
신음소리를
밝히고자 안했다.

*「이 공간」은 첫 시집 『날이 갈수록』의 「하나를 위한 서언」을 제목부터 바꾸고 개작한 작품임.

결별訣別

구석진 외로움을 한번은 벗어나, 누구하고 나란히 서 갔었다고 마음한 것은 필시 나의 꿈이었겠다.

여직 술수術數를 감추어 온 너와, 독약을 지니고 있은 나하고는 떨어진 생각이 멀리 놓여졌음을 미리 알지 못했다.

에뜨랑제 같은 것이 얼만가 구비치고 어긋난 서로의 체온은 다시금 잊지 못할 지역에서 만나진 애태움이 우연하지 않았기에.
"네가 원하는 죽음을 이제는 같이…"
불쑥 재껴 놓은 빨간 가슴팍.

창창한 흐름에서, 퉁겨온 말마디, "너는 이제 진정 바라온 것이 아니라, 먼저 너는 너를 속였고 그 다음 남을 속이고, ―그럼, 오늘…"
이쯤 거짓도 참 단순하여라.

보오! 내, 손아귀에 쥐어진 독을. 갈갈이 찢어진 금 안에 가루되어 번지는데 너는 범범凡凡한 숨결을 숫제 푸른 척만 하였더니라.

내, 오늘 구태여 알지 않아도 좋았을 것을―.
불을 꺼라. 거울 속에 서러움이 비치지 않아야만 나는 얼마든지 웃어볼 게 아니냐.

03

조국

먼저 쓰러진
조국을 안은
너의 자랑.

앞서 간 너를
여기서
보노라면.
바로
내 얼굴
다음의 내 얼굴아!

이빨을 악물은
주검 위에서
영원처럼

먼 곳에서
가까운 곳에서
나를 부르는 소리.

자꾸 나를
오라고
부르는 소리.

*『날이 갈수록』의 「전사戰死의 뒤를 쫓아」는 1960년 〈4월 혁명가요

집〉에서는 「민주전사」였다가 『박훈산시선집』에서 다시 「조국」으로 제목이 바뀜.

가을에 부치는 노래

산들바람 먼
하늘가에서 이는가.

마음으로 더 높이
코발트 하늘빛은
베여 젖는데

웬 일인가
가버린 사람이
생각나는 건….

아 Baude aire
주렁주렁 마음에
열매를 달고
사상이 익기를 바란
풍요한 토양

바람아
조락凋落을 오지 말게 하라
가랑잎 소리 밟히면
설레어질 가슴뿐이니–.

거두어 드릴 것이 있는 사람껜
가을아

살결만을 스쳐 지나가지 말라
뿌리를 지심地心 깊이
꽂아 두어야겠다.

그러면 지심에선
바람이 이글이글 끓어오를 테지.

억새

살결에 배여
젖어드는
싸늘한 느낌이다.

산등성이에 나부끼는
가냘픈
억새야–.

애처로운 여자의 모습인가
어찌 보면
생각하는 어린이처럼

쌀랑 가을바람에도
마구 흔들리는 억새야.

눈보라치기 전에
가을을 타고 억새야
어서어서 크거라.

노래 다시 부르리

너 이름이 내 청춘이더냐
아름거리던 너 얼굴이
함부로 모진 바람 이는 것이
나직한 사립문에 감돌아
부딪침에 불러일으킨 이름아
어찌 구슬픔 안고
찾아드는 것이냐.

골고루 허기를 맞나
눈물을 꽉 씹은 이빨 아래
마구 피 풍긴 둘째 하늘이
또 있는 것이고
그래서도
곧잘 힘찬 걸음들이라
어둠을 걷어차며.

한 그루 나무 미더움이
얼마나 고이
자랑을 감춘 것이기에
훨훨 옷 벗은
가지마다 줄기마다 뻗히는 생명이
그렇게 아름다워 오는 것이냐.

내 청춘을 두고 받아온 너 이름

너무나 가득하여
잔디 싱싱히
다시야 푸르르면
발머리 조용히 성루城壘를 디디고서
노래 부르리.

우리
노래 다시
부르리.

어머니

어머니, 어머니, 어머니, 아들 딸 위하여서는 좋다는 일만 하신 어머니.

밤새도록 하얀 눈이 쌓이면 새벽녘에 밀이랑 콩이랑 함지박에 담뿍 담아 눈바람 맞으시며 앞산으로 달려 뿌리신건 꿩과 토끼 앞산에 내려와 굶을세라 천성의 마음씨요.

운문사에 불공드리시고, 칠성님께 비시고, 용왕님께 비시고, 조왕님께 비시고, 한밤중 정안수 떠두시어 빌고 또 비시던 나의 어머니, 우리 4남매의 어머니시요!

어젯밤 저한테 오셨나이다.

밤이면 저 머리맡에 오시나이다.

맥심麥心

꽃이 필 날이 올 것이다.

동짓달 눈보라에 덮인
하나의 노래
하나의 생명

분노를 아로새겨
지나가는 상흔傷痕이여
모든 것이 지나가도

또 그러한 것이 형성되어
가는 밤일지라도

움 트는 새싹
가득한 만경萬頃에 뻗쳐진 지맥地脈
숨 쉬는 소리.

각막角膜

명암을 잃어버린
각막엔
차디찬 기갈飢渴이
머뭇거렸고.

목숨을 던진 그 날의
시계바늘은
은은한 숲속.

불평의 무덤 깊숙이
밤이 걸어오는
모발毛髮같은 추상追想아!

희다 못한 벽지壁紙가
입을 벌리고 있네.

건너리라 푸른 바다

봄이 오면 건너리라
푸른 바다.

가지 끝에 쨍쨍
얼어붙은 마음으로
나는 거리를 지나는데
정녕 잃은 것이 있어서

귀여운 아씨 가슴에 닿은 듯
뭉클한 본능에
회오리바람 매섭도록
맞고 싶다
무거운 공기.

얼른 어둠이 깔리면
나는 밤새껏
누구나 걷지 않는
길바닥을 걷고

새하얀 새벽녘에
건너리라
푸른 바다.

하늘 바람 그 바람 속에

가는 길이 고되구나
한 발자국
멀지 않은데
칵 숨이 막힌다
그리다가
나는 또 미친 듯
기절氣絕한다

눈앞에는 그저
아무것도
잡혀지질 않는데
생각는 것과
말은
어긋나고,

어디선가
주고받은
그 날의 인정들이
호젓이 이제 떨면
글쎄 난
거울을 들어다본단다.

무거운 잿빛
하늘 바람

그 바람 속에
나는
날리질 않고서
짓눌린다.

밀항密航 위에
도리어
놓여진
바로 가지 못하는
이러한 길
보이는 듯
마는 듯
하늘 바람 그 바람 속에
나는
방심放心하고 싶구나.

형해形骸

먼 바다가
까만 눈동자에
배었다.

숨소리
끊인 찬 가슴
이날 따라
부풀었다.

하얀 가루 못다 되어
휘청 휘청 포물선을
드리우고,

얼어붙은
진눈깨비.

목마른 자여
기울어진
시간이여!

심연深淵

남루襤褸를 걸친
뼈마디는 길기만 하여
죄와 채찍이 맴도는
내일에 주저앉다.

종소리 오래 울려오지 않고
이젠 위로가 되지 않는
술과 저녁나절
짜랑짜랑한 바윗돌을 지키는
파도의 꽃을 피운
묵상默想.

가슴을 벌린 흰살
탐나던 그 유방은 처져
울어선 안 될 날을 생각하며
우는 엄마
명암이 없는 심연에서
하루해의 회한悔恨이 잠자고

끈덕진 옛 얘기
머리털만한 사상은
금이 난 벽에 스며
숨 가쁘다
푸름에 비친 지붕.

씻어버릴 수 없는 것

씻어버릴 수 없는 것이
가득 차있는
머릿속에
홀연히 노려보는

미움이여!

팔랑개비
돌아간
배움이여!

영원히
하나를 맴돈
칠야漆夜의 욕辱.

아련히 피어날
허공에서
명멸明滅하는
생존이요.

방식이요.

그 날

—김수영金洙暎 시인

가로수를 안고
돌아서 가던 너는
그날따라 유별나게
깨끗한 얼굴이었다.

말끔히 이발을 하고서
바빠 모퉁이를 돌던 너는
누구를 만나러
진땀나는 그 고료를 받으러
가는 길이었겠다.

차가 사람보다는 더
행세를 한다면서
미워하던 네가 그 차바퀴에
깔려 숨진 것이다.

겁을 먹은 그 큰 눈이
사상을 형성하여
위대한 일 못다 하고
이십만 인구가 넘는 곳에선
시인이 살아서는 아니 된다던
너 횡사橫死로 하여금
많은 친구들 마음을
멍들게 하였다.

불구경 하듯

머릿속에 박혀 있는 것을
골똘히 생각하던 것을
털어버려야지
몰정沒情해야지

사람은 가고
정은 여기 남았지만
알 수 없는 일들을,
펼쳐지는 일들을,
오십 나이로
눈여겨보면 집혀지는 게지만

먼 곳서 불구경하듯
구겨진 채 살아가는 거고

더더군다나
말한다는 건 아예 소용없는 것.

산수석山水石 Ⅲ

마멸磨滅된 구멍을 보면
삼켜버린 상흔은 깊숙이
안으로 숨어 있다만
영겁永劫이여
공空이여
그것 아닌 과거의
심연深淵이다.

말씀보다는 먼저
움직임이 있는 묵묵黙黙한
그러한 세월을 견주어
돌을 어루만지면
신산辛酸과 그리고는 정한情恨이
향연香煙으로 맴돌며 피어난다.

길을 건너다가

주말이면
동성로를 이십만 명쯤
지나다닌다.
화창한 날씨처럼
그 많은 사람의
마음마저 활짝 열려지지는
않았을 것.

마음에서 눈 뜨면
시시덕거리는 건
티끌만도 못하고
몇 푼어치 걸친 건
남루에 못 미친 것.

아스팔트 포장 위에서
무거운 걸음걸이
얄팍한 도심都心 탓만
아니지만

시그널을 건너다가
생각한 건
마음 내킨 대로 자라난
고향의 빈 텃밭.

코너에서

답답한 일이다.
밖을 내다보면

안으로 들어박히면
우시게 바탕이고

이제는 술잔을 기울여도
속이 후련하지 않아

문득 떠오르는
선고先考의 의연毅然한 모습
세월 따라 기가 찬 일
어지간히 보아왔건만····

앞날엔 더욱
희한한 구경거리
많을 것을.

선고의 이력보다는
참 구질하게 살아오면서
나이마저 더 많이 먹었어.
꼭 해야 할 일 못하는
여로旅路이다.

낙동강에서

낙동의 강물 속에
손을 담가본다.
폭넓게 흐르는
그 자리에 다시 손을 담가본다.

앞서 담가본 물은
이미 흘러간 것
지금 담가보는 이 물도
흘러가고

손에 담긴 물은
멈출 줄 모르고 흘러오는 물
그리고는
또 흘러올 물이다.

간단間斷없이 흐르는
이 물결을
시간이라 한다
분초分秒를 다투는
바로 그 시간이다.

구비치는 이 큰 강줄기에
귀 기울인들
흘러가는 물소리
흘러오는 물소리

진계塵界

무너져버린 어제의 세계는
땅 위에 가득 차 있고
망망한 기상을
움켜 쥘 수 없으니

고함을 칠까
산정에 올랐으나
인간의 잘못을
비켜설 순 없었다.

흔들리는 풀잎소리
골짝을 메웠기에
지나가는 바람과
귓속말을 건네고

지심地心에 뿌리를 둔
형형亨亨한 수목樹木과
대화를 하면
이슬지는 마음
계곡을 굴러간다.

■ 후기

해방 직후부터 오늘에 이르기까지 발표한 것 중에서 50편의 시를 자선하여 묶어 놓고 보니 착잡한 심경이 앞선다.

시를 지향한 지 꼭 40년, 고된 길을 걸어 1958년에 첫 시집『날이 갈수록』을 간행한 후 19년만에야 한 권의 시선집이 상재되는 셈이니 얼마나 기구한 노릇인가.

일제하日帝下 습작기 것들을 제외, 여기 담은 시는 해방 후 여태까지 31년간의 결정이고 보면 이 사람은 무엇 때문에 시를 써야했는가 하는 정신만은 나타나 있지 않을까….

3부로 나눈 건 연대순이 아니요, 편의상 편집일 따름, 여기 들어가야만 했을 몇편의 시가 빠지게 된 것은 부득이하지만 서운한 일이 아닐 수 없다.

이 책이 빛을 보게 되는데 있어서는 생질甥姪 이진형李振炯의 도움인 즉 혈연의 깊음을 다시 한 번 느낀다.

1976년 10월 25일
저자 식識

04 시선집 이후 작품, 또는 미수록 작품

사양 斜陽

먼 바다가
까만 눈동자에
베었나.

숨소리
끊긴 찬 가슴
이 날 따라
부풀었나.

하얀 가루 못다 되어
휘청휘청 포물선抛物線을
드리우고,

얼어붙은
진눈깨비.

목마른 자여
기울어진
시간이여.

—《경북예총》 3집, 1966년

흘러간 계절

사라지는 시간 따라 흘러간 계절
저 소리 나뭇잎이 떨리는 소리
이 가슴에도 낙엽 뒹굴어
그대 이름을 불러본다
아 그리워라

가득 차는 외로움을 한 아름 안고
둥실 뜬 뭉게구름 떠가는 추억
설렘 속에 눈을 감으면
아로새겨진 꽃피던 날
아 그리워라

-1974년 김진균 가곡선 〈초혼〉에 실린 작품

군상群像

스스로를 거느리는
모양이 더럽기만한
자욱 하나 하나.

몸은 하나이거늘
둘씩 셋씩이나 지닌 마음
어쩌자는 군상群像일까.

어느 날 먼 날
걸친 옷이 벗기어지면

보석은 보석
유리는 유리

어둠에 녹아 흐른
약한 게 죄가 될까
이 한밤중 몰래 울어라.

–《죽순》 복간호, 1979. 봄호

민주전사

먼저 쓰러진 조국을 안은 너의 사랑
앞서 간 너를 여기서 보노라면
바로 내 얼굴 바로 내 얼굴아
바로 내 얼굴 바로 내 얼굴아

이빨을 악물은 주검 위에서 영원처럼
먼 곳에서 가까운 곳에서
나를 부르는 소리 나를 부르는 소리
나를 부르는 소리 나를 부르는 소리

−1960년 〈4월 혁명가요집〉에서. (박기환 작곡, 손태룡 채보)

연보 05

■ 박훈산 연보

- 1919년 12월 30일 경상북도 청도군 금천면 신지리 출생.
  본명은 박유상朴裕相, 호는 훈산薰山. 수필가 박훈상이 동생임.
- 1941년 일본 니혼대학日本大學 법과 졸업
- 1946년 〈예술신문〉에 「길」, 〈국제신보〉에 「노래 다시 부르리」를 발표하며 문단에 나옴
- 1947년 월간지 〈국제보도〉 편집위원
- 1948년 〈세계문화〉 편집장
- 1951년 공군 종군문인단원으로 참가.
  1951년 3월 9일 대구에서 결성된 '공군종군문인단'은 흔히 '창공구락부'라는 이름으로 불리기도 한다. 문학 애호가인 김기완 공군 정훈감의 전폭적인 후원과 지지를 등에 업고 출범한 이 종군 작가단의 단장에는 마해송, 부단장에는 조지훈, 사무국장에는 최인욱이 임명된다. 아울러 단원으로는 최정희, 곽하신, 박두진, 박목월 등에 이어 김동리, 황순원, 전숙희, 박훈산 등이 가세하게 된다.
- 1954년 1949년 결성된 〈한국문학가협회〉 중앙위원에 피선

- 1958년 첫 시집 『날이 갈수록』(哲也堂 刊) 발간
- 1962년 〈한국예술문화단체 총연합회(약칭: 예총)〉 경상북도지부 사무국장 보임
- 1967년 『날이 갈수록』 재판본 발행
- 1973년 수상집 『표류남북漂流南北』 발간
- 1976년 시선집 『박훈산시선집』(裕林文化社 刊) 발간
- 1985년 9월 25일 별세, 대구문인협회 주관의 〈문인장〉 거행

번역서로 모파상의 『순애』, 프랑스 철학자인 알랑의 『행복론』 및 『여인병사』가 있음.

- 2015년 10월 향리의 선암공원에 〈박훈산 시비〉가 건립됨
- 2017년 청도문인협회에 이해 박훈산백일장이 창설되어 그의 시정신을 계승하고 있음.
- 2019년 10월 10일 박훈산 시인 탄생 100주년 기념 『박훈산시접집』이 발간되고 청도신화랑풍류마을을 중심으로 〈박훈산문학제〉가 열림.

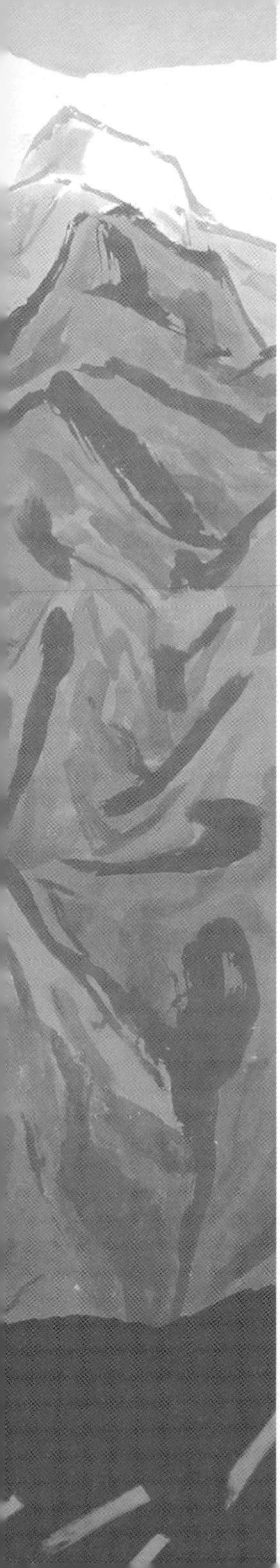

06

방황과 저항에서 포용과 관조로

–박훈산의 시세계

이 태 수 | 시인

ⅰ) 박훈산朴薰山(1919~1985)은 당대의 고통, 억압, 상실의 정서에 천착穿鑿하면서 역사적 변전變轉이 거듭되는 암울한 시대를 떠도는 정신의 투영도를 진솔한 육성으로 노래한 시인이다. 현실과 꿈의 괴리乖離에서 빚어지는 갈등과 방황, 좌절과 박탈감으로 점철된 그의 1960년 이전의 시에는 어김없이 저항정신抵抗精神이 자리매김하고 있으며, 전망부재의 비관적인 세계관이 관류한다.

하지만 1960년대 이후에는 그 이전과는 달리 점차 자연과 자신의 내면內面을 관조觀照하거나 세상을 너그럽게 포용包容하는 방향으로 변모하는 모습을 보여주었다. 특히 이 무렵의 시에는 자연이나 고향 회귀回歸, 자기성찰을 통한 깨달음의 정서, 그 바탕 위에 구축된 달관達觀의 경지가 수묵화水墨畵처럼 수수하고 은은한 빛을 발산한다.

1946년 《예술신문》에 시 「길」을 발표하면서 등단한 그는 반세기에 가까운 시력詩歷을 통해 70편 남짓한 시를 남긴 과작의 시인이다. 1958년에 발간한 첫 시집 『날이 갈수록』(철야당 펴냄)에 36편이, 1976년에 빛을 본 『박훈산 시선집』(유림문화사 펴냄)에는 자선시 50편이 실려 있다. 시선집에는 첫 시집에서 자선自選한 시에 그 이후의 신작 29편이 보태졌다. 이들 신작 중에는 첫 시집의 작품 제목이 바뀌는 등 극히 부분적으로 개작改作된 작품 몇 편도 들어 있다.

아쉽게도 시집과 시선집에 실리지 않거나(못하거나) 그 이후에 쓴 작품들도 극소수만 전하고 있으며 노랫말을 위한 개작이 2편이다. 1945년 광복光復 이전의 습작들은 물론 1950년 이전 작품들과 그 이후 몇 년간 쓴 작품들도 적지 않겠지만, 시선집 이후의 작품은 4편만 기록으로 남아 있다.

일찍이 시인 자신도 시집 후기에 "6 · 25 전까지의 작품 수십 편은 전란 중 모두 실고失稿해버린 데다가 또 어인 셈인지 그 후의 작품마저 재작년 겨울 서울역에서 송두리째 도둑을 맞았기 때문에 내가 꼭히 넣고 싶은 시를 여기 수록하지 못하는 것을 나 자신 아무리 뼈아프게 생각했댔자 단념하지 않을 수 없는 일이 되어버렸다"고 아쉬움을 토로吐露한 바 있다.

이 같은 아쉬움과 미련은 그로부터 19년이 지난 뒤 시선집을 내면서도 후기에 "여기 들어가야만 했을 몇 편의 시가 빠지게 된 것은 부득이하지만 서운한 일이 아닐 수 없다"고 언급돼 있다. 그러나 "옛날 우리 조상들은 아무리 훌륭한 글을 썼어도 그의 생전에는 문집이라는 걸 내는 법이 없었다"는 사실과 "그 글이 뛰어났으면 사후死後에 후진들이 책으로 내었고 아니면 자손들이 자랑삼아 내었던 것"이라는 점을 들추면서 그 아쉬움을 내려놓는 모습도 보인다. 더구나 당시 시집을 내면서도 "시집 한 권을 내놓아야 할 마땅한 이유가 떳떳하게 서지 않는 터"라는 겸손을 잊지 않았다.

사실 옛 선조들뿐 아니라 광복 이전에 활동하면서 빼어난 작품들을 남긴 시인들도 단 한 권의 시집이 사후에 발간되는 경우가 적지 않았다. 당시는 문단 형성이 제대로 되지 않았고, 시인들이 살아생전에 감히 시집을 낼 엄두를 내지 않거나 그럴 여건이 따라주지 않았기 때문인지도 모른다. 한용운韓龍雲, 김소월金素月, 윤동주尹東柱를 비롯해 대구 · 경북 출신인 이상화李相和, 이장희李章熙, 이육사李陸史의 경우도 그러했다.

ii) 박훈산이 습작기를 거쳐 본격적으로 활동하기 시작한 광복 직후에는 잃어버린 우리의 언어(말과 글)를 되찾고, 위축돼 있던 얼과 민족정신을 다시 불러일으키고 일깨우는 시기였다. 광복은 식민지 지배에서 벗어나기 위한 끈질긴 저항의 결과로 누릴 수 있게 됐지만, 열강列强세력의 미묘한 균형과 갈등 속에 빠져들어 혼란과 격동激動을 겪지 않을 수 없었던 때다.

해방 공간에는 사회 전반이 그랬지만, 문단文壇도 우익과 좌익으로 갈라져 대립하는가 하면, 극심한 이념적 갈등에 휩싸인 가운데 좌익의 목소리만 두드러졌다. 우익(순수)문학은 김동리金東里, 조지훈趙芝薰 등 극소수의 문인들이 옹호할 정도였지만, 한국전쟁 이전에 좌익문인들의 활동이 점차 가라앉고 남한에서는 급격히 퇴조했다. 미국과 소련의 세력다툼과 맞물려 국토가 남북으로 분단分斷되고, 1950년에 일어난 한국전쟁으로 동족상잔同族相殘의 엄청난 비극을 겪어야만 했다. 전시戰時에는 우익문인들을 중심으로 한 문인단체들이 전선戰線문학을 펼쳤으며, 박훈산도 이 대열에 적극 동참했다.

6 · 25 전쟁은 그 자체의 참혹성에다 잃어버린 문학의 시대를 가져다주기도 했다. 이 때문에 전쟁 뒤의 폐허에는 광복이 안겨준 민족적 감격도, 새로운 삶의 의욕도 송두리째 흔들릴 수밖에 없었다. 이런 정황으로 전후戰後 시인들은 현실의 황폐성과 삶의 고통을 개인인식의 내면으로 끌어들여 그 아픔을 노래하는 경향으로 기울었다.

그의 시는 이 같은 암울한 시대를 자신에 비춰 반영했다고 할 수 있다. 일제日帝 강점기에 태어나 대학교육까지 받았지만 정신적 상처와 소외감, 상실감과 절망의 농도가 짙지 않을 수 없었을 게다. 광복 이후에도 남북 분단과 이념적 갈등과 혼란, 전쟁 발발과 전후의 폐허는 시인을 고통과 억압, 상실과 좌절, 갈등과 허무의 수렁에 빠져들게 했을 것이다. 그는 더구나 젊은 시절 한동안 외에는 평생을 야인野人생활로만 일관했다.

박훈산은 첫 시집『날이 갈수록』후기에 "내가 걸어온 길은 참으로 험한 가시넝쿨 속이었다. 생사의 고비에 선 것이 한두 번이 아니었고 또한 정신의 방황은 몇 차례였는지, 그리고 오늘날까지 방랑과 표박漂迫. 그러나 거창한 역사의 테두리 안에서 나는 살고 있는 것이며, 그러다가는 또 내가 그 테두리 안에 묻히어 갈 것을 안다."고 그 심경을 진솔하게 토로해 놓았다.

그의 시에 관류하는 저항정신은 시대의 흐름에 따라 다소 빛깔을 달리했다. 비교적 안정을 찾은 1960년대 이후에도 사회를 바라보는 시각이나 더 나은 삶을 지향하는 꿈꾸기에 적용돼 있는 것으로 보인다. 이 같은 저항의식은 '자유自由'라는 명제에 초점이 맞춰져 있어 주목된다.

> 무참無慘히도 학대虐待받고 속박된 인간人間의 꿈… 시詩를 저항抵抗이라고 생각해온 나의 신조信條에는 예나 지금이나 변함이 없다.
>
> 가뭄에 논바닥이 갈라터진 것 같은 윤기라곤 찾을 길 없는 풍조風潮.
>
> 메마른 이 풍토風土를 그러나 기름지게 가꾸어야 할 사람은 다름 아닌 우리라는 걸 다짐한다.

『박훈산 시선집』에 육필肉筆로 실려 있는 이 서문은 그의 시가 일관되게 지향하는 바와 시인으로서의 소명召命과 사명감을 떠올려 보인다. 특히 인간의 꿈이 무참하게 학대되고 속박된다는 시각은 그가 왜 저항으로 일관하는가를 단적으로 시사示唆한다.

iii) 광복을 맞은 직후인 등단 초기부터 6 · 25 한국전쟁의 처참한 비극을 겪고 난 1958년까지의 작품들을 담은 시집 『날이 갈수록』은 해방공간과 한국전쟁 시기, 휴전休戰 이후 몇 년간의 역사적 변전과 맞물려 있는 시편들을 보여준다.

시인은 당시 자신의 처지를 "눈(眼)만이 호흡할 수 있는 이 세계는 / 나 혼자 살 수 있는 기막힌 영토領土"(「위치位置」)라면서 당대 현실에 대해 "헤쳐도 헤쳐도 가시밭길"(같은 시)이라고 한탄한다. '눈만이 호흡할 수 있다'는 말은 '숨을 제대로 쉴 수 없다'의 다른 말이라면, 그 세계가 왜 자신만 살 수 있는 '기막힌 영토'였다는 것이었을까. 시 「위치位置」의 문맥으로 보아 "몸부림치는 괴로움"이 곧 자신의 삶이라는 등식 때문이라고 읽어야 할 것 같다. 아무튼 당시 그의 현실공간은 그런 기막힌 영토이며, 끝 간 데 없는 가시밭길에다 어둠 속의 벼랑 끝이었다고 할 수 있다.

칼날 선
벼랑 한 끝에
아스라이 서 있는
나의 모양

한밤 내어 디딜
위태로운
나의 모양.
—「절벽 위에서」 부분

이 시를 보면 그 벼랑도 칼날이 서 있는 데다 어두운 밤(한밤)의 벼랑이라 발을 내딛기가 위태롭기 그지없던 상황이었다. 시인은 그런 절벽 위에 서 있는 자신을 처절하게 들여다본다. "산산이 / 구겨 넘어진 / 세월 안에 / 줄을 탄 눈짓이 말없이 흐르고"(「바라보는 얼굴」)라거나 "밟히어도 밟히어도 / 끊어버리지 못하는 목숨이라서 / 보내는 세월에 / 삭막한 안개가 낀다"(「다시 부산에서」)는 한탄도,

하나하나 또 하나의
이름을
불러가면서
슬픔을 넘지 못한
욕된 삶을
홀로 중얼거리고…….

모두 떠나버렸는데도
오늘
이렇게 나는

여기 섰노라.

—「홀로 거리를 지나치며」 부분

라는 처절함도 같은 맥락으로 읽을 수 있게 한다. 이 같은 비극적 현실인식은 대상에도 거의 그대로 투사되게 마련이다. 밤하늘의 유성流星을 바라보면서 "아픈 생채기 / 어디다 지녔길래 / 저토록 먼 나라로 / 푸른 불을 지고"(「흐르는 별 하나」)간다고 보며, 그 "떠나가는 것에게 / 나는 / 손짓해야지"(같은 시)라는 대목이나 "누렇게 익은 저 이삭이랑 / 숱한 사람 사람의 절망을 / 함께 싣고서 물굽이 황토빛깔은 / 그냥 흐른다. 〈중략〉 나를 멀리 / 또 머얼리 실어간다."(「탁류濁流」)는 구절 역시 마찬가지로 읽힌다.

그런가 하면 시인이 바라보는 현실은 어둡고 무거우며, 전망부재의 도가니에 다름 아니었다. "잘나면 쫓겨난다는 이 거리엔 / 짐승들의 아우성으로 소란"(「무더운 날에 있은 이야기」)하다고 보는 부정적인 시각이나 "오늘도 네거리를 가로막고 곡예단이 논다."(같은 시)고 보는 비판적인 시각은 "앞으로 나아가는 바른 자세는 / 비틀거리는 걸음 틈에 / 가로막"(「실향기失鄕記」)힐 수밖에 없다.

이 때문에 시인은 "어제와 꼭 같이만 / 되풀이되는 오늘"(「돌팔매나 치던 날」)이라거나 "내일이란 / 오늘로 되도는 / 어긋난 바퀴"(「실향기失鄕記」)라고 여기듯이 과거도 현재도 미래도 비관적인 전망부재의 어둠으로 바라볼 따름이다. 심지어 시인이 처해 있는 현실은 감옥의 구형矩形진(직사각형의) 방에 갇혀 의지意志대로는 아무 행동도 할 수 없이 죽음을 기다려야 하는 수인囚人(사형수)의 생활에 비유되기까지 한다.

살아 있는 사람이
부시지 못하는 창살문
저 바깥 벌에는
태양이 붉게 타고
저렇게 펴졌는데
파리한 얼굴을 쬐여보지 못하고
무엇을 기다려 살아가고 있는지
참으로 주검만을 믿고
내가 죽을 것을 기다리며
살아가는 날이다
—「영어囹圄」 부분

감옥생활은 형벌 때문에 하게 되지만, 그런 경우가 아니라면 크나큰 비극悲劇이 아닐 수 없다. 두말할 나위 없이 감옥의 창살 너머의 바깥과 그 안은 완전히 다른 세계다. 창살문을 부수면 태양이 작열하는 바깥으로 나갈 수 있는 사람이라도 그럴 자유가 없으면 그 안에 갇혀 있을 수밖에 없다. 수인은 그럴 자유가 없이 목숨만 일정하게 부지되는 사람이다.

그래서 현실적인 삶은 시인에게 "죽는 것보다 / 미

치는 것보다 / 더 무서운 굴욕屈辱"(「억압抑壓된 상황」)이며, 삼킬 수 없는 고통이기도 했던 것 같다. 게다가 "어디서 / 야무지게 나를 겨눈 / 돌멩이나 철鐵부치가 / 날아올지 모른다"(같은 시)는 극도의 피해의식에 빠져들게 하는가 하면, 불안과 공포감에서 자유로울 수 없게 했다.

영어생활과 같은 이 같은 삶의 파토스는 "볼수록 / 나의 얼굴은 추醜하여라"(「보릿고개」)거나 "불을 꺼라. 거울 속에 서러움이 비치지 않아야만 나는 얼마든지 웃어볼 게 아니냐."(「결별訣別」)는 자괴감에 닿게 한다. 손바닥으로 하늘을 가리는 행위와 다르지 않다고 하더라도 자신마저 들여다보지 않으려는 굴욕감은 오죽해서이겠는가. 한편 시선을 내부로 돌리면서는

> 나는 거짓 살아온 것만 같구나
> 구김살 없이 왔노라 스스로 일러왔거늘
> 거짓말이다
> 그것은 거짓말이다
> 잘못 나는 나를 속여 왔노라.
> —「나의 별이 있다면」 부분

고까지 자책自責하게 된다. 구김살 없이 살려고 다짐해도 진정한 자아自我를 잃어버려 그 다짐마저 거짓이 되고 스스로를 속였다고 여기게 한다. 하지만 "내 가슴 속속들이 도랑이 지고 / 잔금이 늘어가도 / 오히

려 빨간 피를 나는 피우리니”(「나의 별이 있다면」)라는 대목에서 읽게 되듯 희망의 끈을 완전히 놓지는 않고 ‘나의 별’을 꿈꾸는 초극에의 의지를 완곡하게 떠올리는 경우가 없지는 않다. 이 같은 실낱같은 꿈은

> 가슴에 화살을 받는 나와
> 빛나는 눈망울이
> 지켜주는 어떤 나와
> 두 낱의 내가 간다.
> —「한 아름 안은 날은」 부분

는 대목에서 느낄 수 있듯, 시인의 내면에 “빛나는 눈망울이 / 지켜주는 어떤 나”가 여전히 살아 있다는 방증이다. 여기서의 ‘빛나는 눈망울’은 “푸른 나의 희망은 / 이미 멀어진 어린 날”(「보릿고개」이 암시하는 ‘어린 날’과 연계되고, 같은 시의 구절인 “나는 지금 / 어머니를 기다린다”에서와 같이 모성의 포근한 품을 떠올리는 ‘마음 골짝’과 연결돼 있다고 볼 수 있을 것이다.

하지만 그럼에도 불구하고 그는 어쩔 수 없이 ‘서러운 사람’이었다. 그는 사람들과 마주치면서 사람을 간절히 그리워하고, ‘무거운 마음’이 숙명처럼 포개어져 오는 현실에 놓여있어야 하며, 날려야 날 수 없는 아픔과 갈등, 그로 인한 떠돎의 세월 속에 있을 수밖에 없었기 때문이다.

사람이 그리워서
차라리 사람을
나는 피해간다.

잘못 그 자리에
앉았나 보아 나는
또 일어나본다.

날이 갈수록
겹겹으로 포개어 가기만 하는
무거운 마음.

잊어진 줄로
알았던 것만이 아물아물
되살아오는 밤.

어느 하늘이 있기에
나는 날아볼까
서러운 사람.
—「날이 갈수록」 전문

사람이 그리워서 되레 사람을 피한다는 건 사람을 그리워하는 마음이 얼마나 간절한가를 역설적으로 말해준다. 그런 심경과 함께 사람다운 사람으로 거듭나

려는 비상飛翔의 꿈을 겸허한 자성自省으로 떠올리는 이 표제시는 가장 그다운 면모를 정제된 서정적 언어로 완성도 높게 보여주는 작품으로 읽힌다.

이같이 아름다운 시인의 꿈은 좋은 시를 쓰려고 부단히 지향指向하면서도 "아, 이방異邦의 표류漂流런가 / 낙엽처럼 바싹 바싹 밟히면서 / 어디든 굴러가보자는 / 나는 여기 있는데"(「낙엽처럼 밟히면서」)라는 마음자리가 담보돼 있었기 때문인지도 모른다.

ⅳ) 박훈산의 시선집에 실린 작품들 가운데 시집『날이 갈수록』에 실리지 않은 당시의 근작 시들은 저항정신을 바탕에 깔고 있는 경우에도 한결 부드럽고 원숙圓熟해지는가 하면, 저항정신이 물러선 자리에 포용과 관조의 시선이 들어앉는 등 뚜렷한 변모를 보인다. 특히 자연이나 고향에로의 회귀의 정서, 자기성찰을 통한 깨달음과 달관의 경지가 담백한 수묵화처럼 은은한 빛을 뿜어낸다. 이 같은 변모의 이면裏面에는

나를 지켜보는 무서운 눈이 있다.
그저 놀라움뿐이다.
그건 나다
나는,
나를 응시凝視하면서
무거운 걸음을,
이제 내어디딘다.

—「자성自省」 부분

는 구절들에서와 같이, 자신을 향한 응시로 마음눈을 돌리고 있다. 이 응시는 곧 시적 변모를 추동하는 힘으로 작용했던 게 아닐까 하는 느낌을 안겨준다. 바깥을 비판과 저항으로 바라보던 시선이 자신을 향한 '무서운 눈'이 되고, 그런 자성의 눈이 새 길 트기의 걸음으로 이어지게 하는 것 같기 때문이다. 뿐 아니라 "목마른 자여 / 기울어진 / 시간이여!"(「형해形骸」)라고 호명하거나 "남루襤褸를 걸친 / 뼈마디는 길기만 하여 / 죄와 채찍이 맴도는 / 내일에 주저앉"(「심연深淵」)는 절규와도 무관하지는 않아 보인다. 더구나 비관적인 전망의 지난날과는 달리

동짓달 눈보라에 덮인
하나의 노래
하나의 생명

분노를 아로새겨
지나가는 상흔傷痕이여
모든 것이 지나가도

또 그러한 것이 형성되어
가는 밤일지라도

움트는 새싹
가득한 만경萬頃에 뻗쳐진 지맥地脈
숨 쉬는 소리.
—「맥심麥心」 부분

라는 대목에서 감지되듯, "꽃이 필 날이 올 것"(「맥심麥心」)이라는 믿음과 "보석과 유리를 바꿔본들 / 유리는 유리 / 보석은 보석"(「유리는 유리」)이라는 냉철한 인식, "푸른 잎과 푸른 잎 사이의 / 작은 공간이 어찌 / 심한 격차隔差를 이루어 가는가 / 여기 수직으로 뚫린 / 거리에서 도도히 흐르는 / 격류激流를 본다"(「푸른 잎과 잎 사이」)는 깨달음에 이르기도 한다.

육지와 바다는 한없이 펼쳐졌다만 대대를 어어만 갈 사람은
신고辛苦의 언덕에서
회향懷鄕.

〈중략〉

가지를 떠난
낙엽을 보듯 접어든 연륜은
서글프다 또한
어느 흉내를 내나.
—「신고辛苦의 언덕」 부분

라는 구절들에서, 누대의 선조先祖들이 그랬듯이, 대를 이으며 '한없이 펼쳐진' 세상에서 살아갈 사람이 어려움에 처해 안간힘으로 애쓰는 언덕에서 자신을 낳았던 고향을 그리워한다. 하지만 시인에게 그리움과 서글픔은 지나온 길뿐 아니라 나아갈 길도 막막하게 하기 때문에 가중될 수밖에 없지 않았겠는가. 더구나 그간의 연륜年輪이 낙엽 같고 가야할 길도 또 다른 흉내를 내는 일과 같다면 여간 서글프지 않았을 것이다. 하지만 그는 지난날과는 확연하게 다른 길을 향해 발길을 돌리게 된다. 시 「문」에는 그런 완강한 결의가 떠올라 있다.

> 있을 수 있는 것은
> 오히려 없는 것만 못하여
> 두들겨 보라마는
> 아무것도 아니지.
>
> 잘못 열리어지지 않을 문에
> 인생의 엄숙嚴肅한
> 구두점句讀点을 찍는다.
>
> —「문」 전문

박훈산의 작품으로서는 드물게 간결하지만 울림이 단조롭지 않은 시다. 문은 안과 밖, 밖과 안을 막고 열게 한다. 그 '문'의 열림에 대해 시인은 강렬한 메시지를 던지면서 없는 것만 못한 문이 아니라 그렇지 않을 문에 대한 시인의 단호한 지향志向도 암시한다.

시인은 옛날 독립투사였던 지기와 동물원에 가서도 "사자와 호랑이가 / 풀이 죽은 건 / 동행한 옛날 독립투사의 / 모습과 같아"(「창경원昌慶苑에서」) 보인다며 "사람도 동물도 싫어 / 총총히 나는 산사山寺로나 가야겠다"거나 "알 수 없는 / 인간의 지친 냄새 / 동물을 볼 바에야 / 되레 한적한 곳이 좋다"(「종묘에서」)는 대목에서도 읽게 되듯, 시인은 갈등과 방황, 저항으로 일관했던 인간세상에서 자연으로 회귀하는 발길을 재촉한다.

고향 역시 회귀하고 싶은 대상으로 떠오른다. 도심의 시그널이 켜진 건널목에서 "마음 내킨 대로 자라난 / 고향의 빈 텃밭"(「길을 건너다가」)을 상기하며, 세상일이 답답해서 술잔을 기울이다가 "선고先考의 의연毅然한 모습"(「코너에서」)이 떠오르는 것도 고향 회귀의 정서 때문일 것이다. 시인은 나아가 자연의 순리에 순응하면서 달관의 경지에 이르는 기도 한다.

영원은
바로 저 허허로운 것
별도 아닌 지구도 아닌
하물며 모래알만도 못한
인간은 또한 아니니

〈중략〉

영원은
허공이다.
—「영원永遠」 부분

라고 우주감각으로 영원에 대한 생각을 피력한다. 이 같은 거시적巨視的 시각은 자연현상과 그 철리哲理를 두고 "구비치는 이 큰 강줄기에 / 귀 기울인들 / 흘러가는 물소리 / 흘러오는 물소리"(「낙동강에서」)가 환기하는바 무상감이나 "지심地心에 뿌리를 둔 / 형형亨亨한 수목樹木과 / 대화를 하면 / 이슬지는 마음 / 계곡을 굴러간다"(「진계塵界」)는 인생관을 내비치고 있다.

한편 이와는 대조적으로 미시적微視的 시각으로 거시적 세계를 바라보는 자연관을 산수형상의 수석壽石을 통해 투사해 보인다. 「산수석山水石」연작을 통해 시인은 그 「Ⅰ」에서 "나의 사상을 향하여 / 웃음 짓는 / 유원幽遠의 침묵沈黙"이라며 "생기 있는 / 자연의 소리"를 듣는가 하면, 「Ⅱ」에서는 "안으로 안으로만 들여다보는" 눈으로 "불멸의 염원을 / 정情으로 보여준다"고 느끼며, 그 「Ⅲ」에선 "영겁永劫이여 / 공空이여 / 그것 아닌 과거의 / 심연深淵"이라고 노래한다.

또한 「한 자씩 부각浮刻할 수 없나」라는 시에서는 "공허空虛에 한 자씩 부각浮刻될 시”, “애타는 마음 구석에 / 단 한 마디 노래로 피어 / 굽이칠 시”를 그 무게가 공간에 못 박히도록 쓰고 싶어 한 것도 궁극적으로 그의 시 쓰기가 지향했던 바는 그런 ‘문 열기’요, 이를 위한 ‘엄숙한 구두점 찍기’였는지도 모른다.

이태수

1974년 《현대문학》으로 등단. 시집으로 『내가 나에게』, 『거울이 나를 본다』, 『따뜻한 적막』, 『침묵의 결』, 『침묵의 푸른 이랑』, 『회화나무 그늘』, 『이슬방울 또는 얼음꽃』, 『내 마음의 풍란』, 『그의 집은 둥글다』 등 15권과 시선집 『먼 불빛』, 육필시집 『유등 연지』, 시론집 『대구 현대시의 지형도』, 『여성시의 표정』, 『성찰과 동경』, 『응시와 관조』 등이 있음. 대구시문화상, 동서문학상, 한국가톨릭문학상, 천상병시문학상 등 수상.

봄이 오면 건너리라, 푸른 바다

–박훈산 시인의 삶과 인생

이수남 | 소설가

“어느새 남들이 나를 시인이라고들 한다. 어떤 자리에서나 누구를 소개할 때나 언필칭 시인이라는 영광이 따라다니는데 그런 경우마다 쥐구멍이라도 기어들어가고 싶은 부끄러움을 느낀다.

문필생활을 한지 어느덧 햇수로 10수년이 되니 그래서 나를 시인, 시인 하는 모양이나 솔직히 말해서 나는 나를 시인으로 자처해온 일이 한 번도 없다. 내가 생각 하는 바 인생이 있다. 그 인생을 따라 나는 피를 배앝지 않고는 견디지 못할 그것을 오직 써온 것뿐이지 시인이 되기 위한 시를 쓴 적도 없으며 그러한 태도도 아예 가져본 일이 없다. 시가 무엇인가를 내 인생과 더불어 준열峻烈한 정신으로 대결해 가고저 할 따름, 현실과 타협을 모르고 사는 탓으로 해서 일반 상식인들로 부터 박해는 더러 받아온 것 같다. 시는, 그리고 인생은 그런 것이 아니다, 하는 것을 안다고 할까. 그러기 때문에 돈벌이와는 인연이 멀다.(물론 그 재주도 없지만도) 그렇다고 시가 밥은 결코 될 수 없는 것이다. 그러니 어찌 시인이 나의 직업이 될 수 있으랴. 오늘도 그리고 내일도 나는 오직 나의 정신의 고향을 찾아 끝없이 헤매일 것이오, 보다 더 인생을 투시하고 저 험한 고갯길을 자꾸 자꾸 기어 올라갈 것이다."

좀 길게 인용한 위의 글은 1958년 3월에 창간된 〈문학계文學界〉에 '환경의 단층에서'란 제목으로 박훈산 시인(이하 '시인' 생략)이 기고한 작품이다. 〈문학계文學界〉는 1957년 7월에 창립된 '경북문학협회'가 격월간으로 하겠다는 계획을 갖고 창간된 대구경북 최초의 문학지이다. 이 책은 백기만이 발행, 편집인으로, 그리고 편집 실무는 사무국장인 박훈산이 맡아 출간했다. 이 기관지에 박훈산은 시를 발표하는 대신 '밥이 되지 않는 시'란 부제를 단 글을 발표한 것은 그 당시 시인이 처해있는 여러 가지 문제에 대해 할 말이 많았을 것으로 보인다. 등단 10년이 지났으면서도 '나는 나를 시인으로 자처해 본 일이 없다'거나 '피를 배앝지 않고는 견디지 못할 그것을 오직 써온 것 뿐'이라고 고백하고 있는 점을 보면 시인으로서의 지기 겸허와 시에 대한 고뇌와 심적 갈등이 얼마나 심대했었나를 짐작할 수 있다. 그러면서 돈벌이와 인연이 없는 시인에게 '시가 밥이 결코 될 수 없다'라는 표현은 시와 삶의 문제는 물론, 현실에서 드러나 있는 여러 가지 어려움을 압축적으로 표현하고 있다.

1950년대에 등단한 박훈산은 향토에서 '1세대문인'으로 김춘수, 신동집, 이민영, 등과 교유했을 뿐 아니라 당시 문단은 물론 향촌동과 중앙통을 비롯한 많은 곳에서 일화를 생산해낸 장본인이다. 그럼에도, 60여 년을 뿌리내리고 살았던 곳임에도 그것과 연관되는 기록물을 찾아보기 어려운 것이 사실이다. 또 하나는 과거 그의 활동양상이 갖고 있는 어떤 이미지들은 노출되어서는 다소 불편할 것이라는 면이 없지 않다는 점이다. 그러나 이런 문제에 대해서 자유로운 사람은 하나 없을 것이다.

음지에서 힘들게 뿌리내리고 꽃피우는 야생초의 생명력은 양지의 그것보다 강인하다. 그것처럼 박훈산이 거쳐 온 행적은 오히려 개성적이고 짙은 인간적인 체취를 풍기고 있다. 호불호를 찾고 구분하는 것 또한 사람들이다. 시인 박훈산이 향토 문단에 남겨놓은 흔적-한 권의 시집과 몇 편의 짧은 글은 그러나 소중하다.

박훈산(본명 裕相)은 1919년 경북 청도군 금천면의 중농 가정의 4남매의 맏이로 출생했다. 10대 후반 청운의 꿈을 안고 고향에서 현해탄을 건너 일본으로 유학, 1941년 니혼대학日本大學 법과를 졸업했다. 그러나 그 시대를 살았던 모두가 비슷한 궤적을 그리고 있듯 졸업 후 귀향한 그의 삶과 행적은 20대 후반에 8.15해방을, 30대에 6.25전쟁으로 인한 피폐한 시대상을 온 몸으로 부딪혀야만 했다. 일제강점기이긴 했지만 당대로 보아서 최고학부를 나왔으면 본인과 가족은 물론, 주변에서 바라보는 시선과 기대치 또한 남달랐을 것이다. 그와 그의 가족이 꿈꾸고 기대했음직

한 법조인으로서의 진출은 이루어지지 않았고 그래서 문학-시로 다가갔는지도 모른다. 오히려 일본유학시절 시에 몰두했을 런지도 알 수 없다. 8,15 해방이 되기 전 암울했던 그 시기 10년가량을 그렇게 시와 마주하고 있었다.

박훈산은 1946년 〈국제신보〉에 '노래 다시 부르리'를 발표함으로 등단했다고 알려져 있다.

너 이름이 내 청춘이더냐
아른거리던 너 얼굴이
함부로 모진 바람 이는 것이
나직한 사립문에 감돌아
부닫침에 불러일으킨 이름아
어찌 구슬픔 안고
찾아 드는 것이냐

골고루 허기를 맞나
눈물을 꽉 씹은 잇빨 아래
마구 피 풍긴 두 째 하늘이
또 있는 것이고
그래서도
곧잘 힘찬 걸음들이라
어둠을 걷어차며.

한그루 나무 미더움이 얼마나 고이
자랑을 감추인 것이기에

훨훨 옷 벗은
가지마다 줄기 마다
뻗히는 생명生命이
그렇게 아름다워 오는 것이냐.

내 청춘을 두고 받아온 너 이름
너무나 가득하여
잔디풀 싱싱이
다시야 푸르르면
발 머리 조용히 성루를 디디고서
노래 부르리.

우리
노래 다시
부르리.

-〈노래 다시 부르리〉전문. 시집 〈날이 갈수록〉 P99

그러나 1981년 3월 교육출판공사에서 발행한 〈한국문학대사전〉에 의하면 '1946년 〈예술신문〉에 '길', 1947년 〈주간서울〉에 '뒤를 쫓아'를 발표함으로 등단했다'고 나타나고 있다. 이는 "최적의 집필진이 동원되어 각각 자기의 전공분야를 전적으로 책임지고 기명집필"했다고 '간행사'에서 밝히고 있는 것을 보면, 더욱이 작품명까지 밝히고 있는 것으로 보아 신뢰해도 좋을 것으로 보인다. 그러나 첫 시집에 저자의 약

력이 기술되어 있지 않고 전체 36편의 작품 중 위의 등단작 2편의 시가 보이지 않음은 아쉬움을 크게 한다. 아마도 6, 25당시에 분실했을 것으로 보인다.

등단이후 박훈산은 1946년 〈예술신문〉의 객원기자, 1947년 월간지 〈국제보도〉의 편집위원, 1948년 〈세계문화〉의 편집장을 지냈고 1954년 한국문협중앙위원, 시인협회 창립발기위원으로 참여했다.〈한국문학대사전〉(P 299) 책임기록 이정기李廷基) 이와 연결되어 박훈산은 경북문학협회가 창립되었을 때 회지 편집과 사무국장을 맡으면서 향토문단 일선에서 활동하고 있었다.

6,25사변은 아직 여물지 못한 상태의 향토문단에도 충격을 주었고 피란문인과 뒤섞이면서 혼란을 더했다. 30여명의 문인들은 전쟁의 직접적인 피해는 적었지만 참담한 폐허 속에 방향감각을 잃고 허탈감과 무력감에 짓눌리고 있었다. 유일한 위로와 안정을 받을 수 있는 곳은 다방과 향촌동 중심의 주점이었다. 향촌동은 은신처이며 동시에 활동무대였다. 박훈산은 신동집, 김종길, 박양균, 등의 시인과 피란문인인 김요섭, 최태응과 같이 '감나무집', '석류나무집', '마양집' 등 주점에서 같이 어울리며 전쟁의 고통을 잊으려했다.

전쟁 이듬해 박훈산은 향토에서 '공군창공구락부'에 가담, 마해송, 최인욱, 류주현, 장덕조, 황순원, 박두진과 같이 활동했다. 같은 시기에 '육군종군작가단'에는 정비석, 구상, 박영준, 곽하신, 이덕진 등이 참여

했다. 당시 음악감상실 '녹향'에서 자리를 지키며 전쟁 중이라는 절망의 나날을 보내고 있었다. 박훈산도 마찬가지였다.

휴전으로 피란 문인들이 상경하고 없자 대신 빈 적막감이 향촌동을 짓누르고 있었다. 전쟁의 상처는 컸다. 의식주의 문제가 모두에게 들이닥쳤다. '큰 키에 보트만한 발을 가진' 박훈산 은 그러나 '물 흐르는 포도 위를 표류하듯' 큰 키로 휘젓고 다녔다. 그러나 그는 향촌동을 떠나지 않았다. 박훈산은 진정한 '향촌동의 주인'이었다.

> "내가 걸어온 길은 참으로 험한 가시넝쿨 속이었다. 생사의 고비에 선 것이 한 두 번이 아니었고 또한 정신의 방황은 몇 차례였는지, 그리고 오늘까지 방랑과 漂迫, 그러나 거창한 역사의 테두리 안에서 나는 살고 있는 것이며 그러다가 또 내가 그 테두리 안에서 묻히어 갈 것을 안다."
>
> –박훈산 시집 〈날이 갈수록〉 후기에서

큰 키도 그렇지만 늘 베레모를 쓰고 있는 호남형인 박훈산은 과묵한 편이었고 시대에 민감한 내용의 작품도 그리 많지 않았다. 그러나 그는 남들이 터놓은 길은 다니려 하지 않았다. 벌판의 칼바람이 후려쳐도 그만의 스타일로 고집스럽게 뚜벅뚜벅 혼자 걸어갈 뿐이었다. 타협을 잘 하지 않는 대신 그는 부정 속에서 긍정을 갈구하는 편이었고 주위의 누구로부터 배

척당할 때마다 속으로 눈물짓는 형이었다. 거부할 것이 너무 많이 그의 앞을 가리고 있었지만 박훈산에게 비굴이나 타협은 아예 있을 수가 없었다. 그 무렵, 경북문학협회 사무국장으로 〈문학계文學界〉 편집일을 끝내고 향촌동의 몇 군데 주점을 거쳐 취흥이 오른 박훈산은 옆에 동행의 시인들을 상관 않고 즐겨 외우는 자작시 한 구절이 있었다. '봄이 오르면 건너리라, 푸른 바다…' 그렇다. 아무리 눈앞의 곤궁한 삶이 추위에 떨고 있고 모든 것이 얼어붙는다 해도, 그러나 이제 곧 봄이 오면 하얗게 밝은 날, 내가 꿈꾸고 소망했던 그 푸른 바다를 건널 수 있으리라.

봄이 오면 건너리라
푸른 바다.

가지 끝에 쨍 쨍
얼어붙는 마음으로
나는 거리를 지나는데
정녕 잃은 것이 있어서.

귀여운 아씨 가슴에 닿은 듯
뭉클한 본능本能에
회오리바람 매삽도록
맞구 싶다
무거운 공기空氣

얼른 어둠이 깔리면
나는 밤새껏
누구나도 걷지 않는
길바닥을 걷고

새하얀 새벽녘에
건너리라
푸른 바다.

–박훈산 시 〈건너리라 푸른 바다〉 전문 시집 〈날이 갈수록〉 P122

1050년대 후반, 향촌동 일대에서 누구보다 박훈산을 이해하고 가깝게 지냈던 이민영이 있었다. 나이 차이는 10살 아래였지만 원화여고에 재직하면서 〈사상계〉로 등단한 신예였다. 이민영은 박훈산을 존경하고 이해하고 따랐다. 그는 〈문학계〉 창간호에 박훈산에 대한 글을 쓴 바 있다.

> "봄이 오면 건너리라, 푸른 바다…' 이렇게 곧잘 읊으시면서 자신을 달래는 씨는…, – 꽝 꽝 얼어붙은 겨울 칠흑의 밤을 휘휘로이 걸어가는 시인이라고나 하면 제격일지 모르겠다. 그나마 남들이 틔워놓은 길을 결코 택하지 않는다. 길이야 없어도 좋으리라, 어둡고 허허로운 벌판이라도 좋다. 칼바람이 후려쳐도, 어둠이 몰려와도, 등을 켜지 않고, 방한을 하지 않은 채, 무

엇을 응시하면서 〈뚜벅뚜벅〉 육박해 가는 씨다 (.......) 또 언제인가는 잠든 나를 깨워 일으키면서 품안에 넣어온 카나리안 위스키를 꺼내어서 한 잔 하라고 한다. 머리에는 흰 눈이 얹혀있었다. 그 진귀한 술이 어떤 경로로 입수되었는지는 모르겠으나, 차가운 뒷골목 어디에서, 홀로 따르시다가 문득 나의 생각이 나셨음에 틀림없다고 느끼고는 안주도, 잔도 없이 서로 번갈아 따른 생각이 떠오른다."

–이민영 〈내가 본 박훈산 시인〉 〈문학계〉 P112

중농의 넉넉한 가정에서 성장, 일본 최고학부를 나왔으나 타고난 생활습관으로 한 곳에 정착하지 못하고 부초 같은 생활을 했던 박훈산은 그러나 시에 관해서는 엄격했고 사람에 대해, 인정에 대한 갈증을 갖고 있었다. 큰 키에 맞지 않는 감성으로 취한 탓도 있겠지만 눈물 짓는 일도 잦았다. 한겨울, 흰 눈을 뒤집어 쓰면서까지 마시던 술병을 품에 앉고 밤길을 달려 보고 싶은 사람을 깨워 잔도 없이 병술을 나누어 마시는 행위는 어지간한 외로움으로 나타내기 어렵다. 아마도 당시 시대상의 문제도 있겠지만 현실이 눈높이에 이르지 못하고 있다는 점을 자각하면 더욱 그렇다. 머지않은 곳의 부모님을 생각하면 그것은 배가된다.

어머니에 대한 박훈산의 감정은 유별나다. 1958년 첫 시집 〈날이 갈수록〉을 상재하면서 시집의 서두에 '어린 뜻을 그대로 받아 주셨건만 이제는 계시지 않는 나의 어머니 앞에 이 시집 바치나이다'라는 헌사를 썼다. 첫 시집을 내면서 주위의 누구보다 육신의 어머니를 먼저 떠올렸다는 것은 불혹의 나이가 되었어도 그만큼 어머니가 그립고 그립다는 뜻이다.

"여기에 넣은 서른 네 편의 시는 해방 후부터 지금에 이르도록 발표한 것 중에서 찾을 수 있는 작품을 모은 것이다. 6,25 전까지의 작품 수 십 편은 동란 중 모두 실고失稿해 버린데다가 또 어인 셈인지 그 후의 작품마저 재작년 겨울 서울역에서 송두리째 도둑을 맞았기 때문에 내가 특히 넣고 싶은 시를 여기 수록하지 못하는 것을 나 자신 아무리 뼈아프게 생각했댔자 단념하지 않을 수 없는 일이 되어버렸다."

위의 글은 등단 이후 첫 시집을 내게 된 과정과 그 소회의 일부를 〈시집을 엮고 나서〉라는 제목으로 후기에 쓴 글의 첫 부분이다. 해방과 6·25, 그리고 만만치 않는 현재의 생활 속에 한권의 시집을 묶어낸다는 것이 얼마나 힘들었나를 그대로 보여주고 있다. 시집 발간 후 10년이 지난 1967년 10월, '1958년에 엮은 시집을 다시 내놓아야 할 긴한 까닭이 있을 리 없지마는 오백부 한정판으로 발행했기 때문에 꼭히 나누어 가져야 할 친한 벗에게 드리지 못했던 안타까움을 풀어보자는 심정'으로 재판을 하게 된다.

"해방직후부터 시를 발표하면서 잡지의 편집장

또는 대학에 출강하기도 했으나 십수년 거구를 이끌고 경향을 오르내리면서 자연인으로 생활해 온 박훈산은 〈날이 갈수록〉 이후 꾸준히 씨의 자세대로 과작인 편이지만 시를 물고 늘어지고 있다. 갈수록 시작에 전심하고 있는 씨는 내년에 제2집을 엮어 원숙한 시세계를 보일 것이다."

–전상렬 '오감도. 문학계' 〈경북예총〉 제3집 (1963). P124

예총경북지부에서 발간한 기관지 〈경북예총〉은 권말에 예총산하 문인협회를 포함한 10개 단체의 1년 활동상황을 간략하게 기술했는데 문학의 경우 1966년 1월, 필자인 전상렬이 박훈산에 대하여 평한 내용이다. 부정기적인 잡지를 편집하고 일시 효성여대의 강사를 맡아본 적이 있었고 생활방편을 찾아보기 위해 서울을 오르내렸지만 여전히 생활은 곤궁하고 어려웠다. 등단한지 10년이 되었지만 그러나 한 시인으로서의 생활은 고난의 연속이었다. 그러나 시만은 놓을 수가 없었다.

시를 쓰잔다

내 몸 무게보다 더욱
무거운 펜을 들고 어처구니없이
지치고 나면, 술
술만 연상 들이키고.

한편의 시를
그리고는 또 멋지게
쓰잔다

발가벗은 몸둥아리에
예순 개쯤 총구멍이 나더라도
오늘
죽지 않고 살고야 말겠다는
젊은 시인이 있고…(시; 「낙엽처럼 밟히면서」)

저녁노을이
단칸 하숙방으로 내 몸을 이끌면
기진한 허기 때문에 몸둥아리를 길이대로 눕
히고
나는 무엇을
생각하노

물결처럼 헤쳐온 지난날을
되씹어 보는거냐
무수한 별들이 지나 간다
붉은 화살이 나의 가슴을 바로 쏜다....(시;
「노정路程」)

오늘 아아
나는 거짓 살아온 것만 같구나
구김살 없이 왔노라 스스로 일러 왔거늘

거짓말이다
그것은 거짓말이다
잘못 나는 나를 속여왔노라 (시; 「나의 별이 있다면」)

술 권하는 사회는 비단 박훈산의 경우만이 아니었다. 한편의 멋진 시를 쓰려고 했으나 펜은 몸무게보다 더 무겁고 길바닥에 밟히는 낙엽 같은 처지를, 하루를 끝내고 단칸방 하숙집으로 들어와 거구의 몸을 그 길이대로 쓰러지고 마는 지친 가슴으로 들어박히는 화살의 상처도 씻어내기 어렵다. 그뿐 아니라 시인 스스로에 대한 자기혐오도 없지 않다.

사람을 좋아하고 인정을 그리워하고 술을 좋아하는 박훈산은 향촌동을 비롯한 주변에 많은 일화를 생산했다. 근거가 있던 없던 그 내용은 문단의 입에서 입으로 전이되고 사라졌다. 박훈산의 생활근거지는 향촌동이 중심이었지만 가끔 모습을 보이지 않을 때가 있었다. 그럴 때는 경제적 형편이 좋은 편이어서 도원동에 들어가 며칠 동안 옴짝달싹 않고 칩거하곤 했다. 그러다가 사정이 어려우면 다시 구부정한 키로 향촌동에 나타나곤 했다. '술'처럼 '여성'도 빠지지 않고 등장한다.

덕수를 두세 번 넘는 것쯤
예사인 낯선 어느 여인의
간지러운 입가심을 앗으려다

쫓겨난 나는
나무그늘 아래 주저앉아
할 일 모른
밤
(중략)

어느 골목길에선
인간은 비굴해할 수 있더라
가시지오!
받아드릴 수 없는 정성
말하기 전 실오리 한 오리씩 펴지는데
숨 막힐 체취는 어디에
맴돌 하늘이 있나
뇌의 난맥
너와 또
나의 분해작용.
–박훈산 시 〈난맥〉 일부. 시집 〈날이 갈수록〉 P33

한때 박훈산은 아카데미극장 뒷골목에 있는 다방 '파초'에 온종일 살다시피 했다. 좌석이라야 여섯 개뿐인 좁은 공간이었다. 호남출신의 미모의 마담을 박훈산이 흠모하고 있다는 말이 문단에 파다했다. 보통사이가 아니라는 말도 흘러 다녔다. 마담의 정신도 영업에 있지 않았고 박훈산 시인을 좋아하고 있었다. 그러나 다방은 잘 운영되지 않았다. 그 얼마 전, 박훈산은 음독, 길바닥에 쓰러진 사건이 있었다. 수면제를 과

다복용한 모양이었는데 그것을 안 마담이 달려와서는 울고불고 하면서 가까운 중앙병원으로 옮기는 소동을 벌였다, 소동은 잦았지만 그 뒤 다방은 문을 닫고 말았다.

5 · 16 직후, 이설주, 최광렬, 이호우 등과 자주 만나고 있을 무렵이었다. 최정석 교수 후임으로 효성여대에서 현대문학 강의를 맡고 있던 박훈산은 모처에서 군경의 불심검문을 당한 적이 있었다. 그때 신분증만 제시하면 되었을 터인데 "내가 유명한 시인이고 효대 교수인데 너 따위가 뭐냐?"고 취중에 피운 소란이 있었고 그것이 대구 일간지에 크게 보도되는 바람에 시간강사의 자리에서도 나와야했던 적이 있었다. 음독소동도 있었지만 효대건은 누구보다 최정석 에게 두고두고 미안한 일이었다.

> "지금의 태극도서 근처에 있었던 무랑루즈 다방에 하루는 교복 입은 한 고등학생이 박훈산 시인 앞에서 무릎을 꿇고 있었다. 그리고는 이따금 "아버지, 집으로 돌아가입시더"하고 사정을 하는 것이다. 그러나 박훈산 시인은 묵묵부답, 아들을 외면한 체 그냥 앉아계시는 것이었다. 물론 아들의 읍소작전은 실패로 돌아갔다. 이미 그때도 박훈산 시인은 동가식서가숙 생활에 흠뻑 젖어있었던 것이다. 당시 강원도 춘천으로 이사가계신 이민영 시인에게 들었던 이야기이다."
>
> -김원중 〈사람을 찾습니다.〉 '박훈산, 한국 제

일의 보헤미안' P97

가깝게 지냈던 이민영과의 일화는 계속된다. 갓 등단했을 무렵이었다. '하숙비는 줄테니까 한 일주일만 당신 집에 있게 해 달라'는 박훈산의 부탁을 '선배를 집에 모시게 되어 오히려 영광으로 생각'하고 방을 내주었는데 한 달이 지나도 나가지 않고, 두 달이 지나자 그만 아내보기 미안해서 하숙비는커녕 오히려 쌀 두 가마 정도의 돈을 박훈산에게 주면서 "제발 나가 주셨으면..."하고 부탁부탁한 적도 있었다. 뿐 아니라 한번은 남일동 밤거리 골목에 들어간 박훈산이 벗어놓은 '보트만한 구두'를 보고 놀란 여인이 기겁을 하고는 받았던 화대를 도로 내어놓았다는 전설 같은 이야기도 뜬구름처럼 사라지고 없다.

'그는 저항적 人生波의 시를 쓰고 있으며 자학自虐의 고배苦杯를 마시면서도 육성肉聲으로 정신의 투영도를 그려왔다'(韓國文學大辭典)는 평을 들은 박훈산은 그러나 정신과 의식면에서는 조금도 밀리지 않았다. '김수영 시인으로부터 시와 시인으로 인정받았다'는 향토 문단 누구에게 견줄 수 없는 시인 특유의 자부심이 있었다. 스스로에게 엄격했던 박훈산은 한 때 '백구두'를 신고 다녔다. 백구두는 무한한 정신적 여유와 자존감을 상징했다. 향토문단에서 백구두를 즐겨 신었던 또 한사람이 있었다. 시인 이윤수였다.

6 · 25의 전운은 걷어졌지만 임시 정전상태라, 삶의 모든 문제들은 불안한 안개에 둘러싸여있었다. '이 밤

은 길다. 이 밤은 어둡다'며 암울했던 시기를 스스로 가로질러 갔던 박훈산은 "구태어 나쁜 점만을 꼬집어 물어뜯으려는 구렁이 같이 능글맞은 심정, 자기 자신은 아무런 허물도 없다는 듯 다른 사람의 약점만을 캐고 다니는 사람들, 또는 터무니없는 거짓을 조작해서 중상모략을 일삼는 사냥개 같은 습성, 장차 이 민족이 이러한 습성으로 물들어 이대로 뻗어갈 것이라 생각하는가. 한심스러운 일이다."(〈문학계〉P145)라며 주위의 일부 시선에 대해 강한 항거를 보이기도 했다.

> 어머니, 어머니, 어머니. 아들 딸 위하여서는 떡고물 좋다는 어머니.
> 동지섣달 밤새도록 하얀 눈이 소복소복 쌓이면 새벽녘에 밀이랑 콩이랑 함지박에 담뿍 담아 눈바람 맞으시며 앞山으로 달려 뿌리신 건 꿩과 토끼 산에서 굶을세라 천성의 마음씨요.
> 나무아미 관세음보살....... 입버릇 마냥 외우시며 운문사에 불공드리시고, 칠성님께 비시고, 용주님께 비시고, 조왕님께 비시고, 한밤중 정안수 떠 두시어 빌고 또 비시던 나의 어머니, 우리 4남매의 어머니시여!
> 옥중에 갇힌 맏이 보려 서울 서대문 천리길 오시어
> "야야, 부디 살아래이, 논 팔자, 우째도 네가 살아야제"
> 그 음성 지금 귀에 쟁쟁하다.

어젯밤 저한테 오셨나이다.
밤이면 저 머릿속에 오시나이다.
–박훈산 시 '어머니'전문 〈달구문학〉 창간호 P40

이 시를 발표한 시기는 1980년 2월, 그가 가정적, 사회적, 모든 면에서 균형과 안정을 가져야할 이순을 지났을 무렵이었다. 그러나 그가 소유한 것들은 그러지 못했다. 그럴수록 어머니에 대한 마음은 간절하고 죄송스럽다. 자녀는 물론 야생의 짐승까지 보살피는 천성의 마음씨를 가졌던 어머니, 살아생전 할 도리를 다하지 못했던 어머니가 이토록 그리워지는 것은 누구에게나 있을 수 있는 모자간의 어쩔 수 없는 일이지만 시인 박훈산에게는 사무치는 회한이다. 그 어머니가 밤마다 머릿속에 찾아오고 있다. 그러나 그의 가정 위에 시가 있었고 그 위에는 시인으로서의 자존감이 있었다. 그는 자유인이었다. 그의 시선은 현실을 비켜나 있었고 어떤 구속도 거부했다. 그는 그의 중심에 있는 그대로 행동했다. 남의 시선을 의식할 필요가 없었다.

그의 앞에는 푸른 바다, 그가 건너야할 푸른 바다가 늘 일생동안 펼쳐져 있었다. 그러나 그 바다를 건너기 위해서는 혹한의 겨울을 지나 봄이 와야만 했다. 그러나 봄은 아직 가까이 오지 않았다. 일렁이는 바다의 빛깔도 검은 빛이다. 때문에 박훈산이 가졌던 일생동안의 화두는 '봄이 오면 건너리라 푸른 바다'였다.

'사람이 그리워져 차라리 사람을 피해간다'은 박훈산은 그의 삶속에서 이어지는 외로움을 벗어나지 못했다. 술과 여성에 관한 숱한 오해와 부풀려진 일화들이 많았지만 그는 소극적으로 대응하면서 무시했다. 1985년 그렇게 좋아하던 〈술〉을 끊고 어려움을 겪다가 지병으로 별세했다. 우체국, 세관에 근무했던 장남의 집이 있던 청구고등학교 뒤편 공간에서 그가 남긴 마지막 공적행사인 '박훈산대구문인장'이 엄수었다. 쓸쓸한 문인장이었다.

이수남

1970년 한국일보 신춘문예 당선으로 등단. 소설집 『목마와 마네킹』, 『바람개비』, 『도시의 끈』『숲은 바람에 흔들리고』, 『탈』 등 여러 권이 있고 문화비평서 『토함산과 메뚜기』, 문단사 에세이집 『대구 문단 이야기』가 있다. 대구문학상과 제1회 현진건문학상 등을 수상하였다.

민주전사

박훈산 작사 / 박기환 작곡

이하 손태룡 채보

흐르는 별 하나

박 훈산 작
김 진균 작

하 ― ― 나
p
mp
아 픈 상 채 기 어디다지넜질
8va
래
mf
저 토 록 먼 나 라 로
mp
푸 른 불 을
지 고 가 는
p
너 슬 픔 이

흘러간 계절

박 훈산 작사
김 진균 작곡